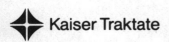
Kaiser Traktate

Hans Walter Wolff

Prophetische Alternativen

Entdeckungen des Neuen
im
Alten Testament

Chr. Kaiser

CIP-Kurztitelaufnahme der Deutschen Bibliothek

Wolff, Hans Walter: Prophetische Alternativen:
Entdeckungen d. Neuen im Alten Testament/
Hans Walter Wolff. –
München: Kaiser, 1982.
(Kaiser Traktate; 70)
ISBN 3-459-01461-X

© 1982 Chr. Kaiser Verlag München.
Printed in Germany.
Alle Rechte vorbehalten. Abdruck, auch auszugsweise,
nur mit Genehmigung des Verlages.
Fotokopieren nicht gestattet.
Umschlag: Chr. Manner.
Gesamtherstellung: Georg Wagner, Nördlingen.

Inhalt

Vorwort 7
Das unwiderstehliche Wort
   Amos und das verschuldete Ende 9
Das wirksame Wort
   Hosea und die Heilung des Unverbesserlichen . . . 24
Das demaskierende Wort
   Micha und die frommen Führungskreise 40
Was ist das Neue im neuen Bund?
   zum jüdisch-christlichen Dialog nach Jeremia 31 . 55
Wie wird der falsche Prophet erkannt?
   zu den Schwierigkeiten, die Geister zu unterscheiden 70
Register der Bibelstellen 84

Vorwort

In diesen Texten werden Hauptthemen klassischer Propheten skizziert. Prophetie setzt nicht ungebrochen altisraelitische Heilszuversicht fort, sondern reißt alternativ eine Entscheidung auf. Schon ihre Gestaltung fasziniert und stellt die bei uns gängigen Formen von Verkündigung in Frage. An Amos, Hosea und Micha wird das deutlich. Was sie ausführen, ist uns zugleich ganz fern und ganz nah. Das Verhältnis von Zukunft und Gegenwart regt sie zwar mindestens so stark wie den heutigen Menschen auf. Aber während es uns weitgehend als Gefahr und Angst beherrscht, wecken sie die Einsicht in Schuld und Gericht (als Schuldfolge). Das Ende wird seit Amos ein unverdrängbares Thema, für Israel, für die Völker, und auch für die Einzelnen. Hosea erfährt und reflektiert einerseits radikal die Unverbesserlichkeit des Menschen, andererseits sieht er aber und verkündigt er, wie der Weigerung der menschlichen Umkehr die verwandelnde Liebeskraft Gottes als Alternative begegnet. Micha demaskiert schonungslos eine Frömmigkeit ohne zwischenmenschliche Konsequenzen. Der Unterschied von altem und neuem Bund (nach Jer 31) führt das jüdisch-christliche Gespräch aus der Stagnation heraus und regt an, die prophetische Botschaft vom radikal Neuen als Brücke gegenseitigen Verstehens zu betreten. Das Phänomen des Gegensatzes wahrer und falscher Prophetie verlangt nach einer Klärung der Frage, wie denn falsche Propheten entlarvt werden können. Eine praktische Anleitung zur Erkenntnis des Falschen wird angeboten. Sie wird im Streit um Aufrüstung und Frieden erprobt.

Wo immer der Leser der Eigenart klassischer Prophetie begegnet, sieht er sich vor eine unausweichliche Alternative gestellt, – eine Alternative sowohl zum vorprophetischen Israel wie zu unseren gegenwärtigen Positionen und Parolen. Schon innerhalb des Alten Testaments bringt die Prophetie ein Neues, ja das Neue unaufhaltsam zum Vorschein. Sie zeigt sich als unentbehrliche Voraussetzung der neutestamentlichen Botschaft.

Die Studien setzen Ergebnisse heutiger Prophetenforschung voraus (woran der Verfasser vor allem durch vier Bände im Biblischen Kommentar beteiligt ist), zeigen aber zugleich in der Form von öffentlichen Vorlesungen vor Studenten, Pfarrern und anderen engagierten Hörern die aktuelle Relevanz für Theologie und Verkündigung auf.

Hans Walter Wolff

Das unwiderstehliche Wort

Amos und das verschuldete Ende

Nach der Eigenart des prophetischen Wortes und nach seiner Aktualität fragen wir.
Die alttestamentlichen Propheten faszinieren uns aus einem doppelten Grunde. Sie sind zum ersten ganz entschlossen der Zukunft zugewendet. Unheimliche Bedrohungen sehen sie aus der Zukunft auf die Menschen ihrer Gegenwart zukommen. Die Zukunft als Gefahr ist aber das, was uns heute bedrängt, mehr als frühere Generationen. Wie verhält sich unsere Zukunftsschau zur prophetischen? Vermag sie die unsre zu ändern? Genügt es, wenn wir zu überleben suchen? Zum zweiten sehen die Propheten die Zukunft unlöslich verknüpft mit ihrer Gegenwart. So rücken sie das zeitgenössische Leben in das grelle Licht der Zukunft. Auch uns beunruhigt der Zusammenhang von gegenwärtigem Verhalten und künftigem Geschick. Die Menschheit hat die Möglichkeit zu ihrer Selbstvernichtung gespeichert. Was wird sie damit machen? Kann der Dialog mit der Prophetie die Kriterien unserer Zeitkritik schärfen? So fragen wir aus doppeltem Grunde: Was will Prophetie?

Wir richten unsere Frage zuerst an das älteste Original eines klassischen Propheten in Israel. Er heißt Amos von Tekoa. Historische Quellen ersten Grades konfrontieren uns mit ihm. Doch dürfen wir nicht eine Biographie erwarten. Sein Leben verbirgt sich für uns völlig in seinen Sprüchen an Israel. Schon das ist höchst bezeichnend. Nur in seiner Verkündigung erfahren wir nebenher ein wenig über seine Herkunft und über seinen Beruf. Er stammt aus dem Ort Tekoa, der 17 km südlich von Jerusalem und 10 km südlich von Betlehem lag, einer kleinen Garnisonstadt des Staates Juda. Als Schaf-

züchter hatte er dort sein gutes Auskommen. Als Propheten sehen wir ihn urplötzlich im Nordreich Israel auftreten, mit Sicherheit in der Residenz Samaria und an dem Hauptwallfahrtsort Betel, in einer Zeit der Wirtschaftsblüte unter Jerobeam II. etwa um 760 v. Chr.
Wie kommt dieser Amos dazu, über Zukunft und Gegenwart zu reden? Auszuschließen sind für Amos wie für alle alttestamentlichen Schriftpropheten die im Alten Orient verbreiteten Orakeltechniken auf Grund von Gestirnkonstellationen, Eingeweideschau, Loswerfen u. ä. Auszuschließen ist auch der Rauschzustand der Ekstase, in dem das bewußte Ich verlischt. Denn von Ekstatikern werden im Alten Orient nie Ich-Berichte überliefert. Im Rauschzustand sind sie sich selbst entfremdet. Bei den klassischen Propheten Israels aber sind autobiographische Berichte nicht selten. Sie machen die Deutung auf Ekstase unmöglich. Immer wieder war und ist beliebt der Versuch, den Anstoß prophetischen Redens in der kritischen Zeitanalyse auf Grund des altisraelitischen Gottesrechts zu suchen. Doch wird auch diese Sicht von den Überlieferungen der klassischen Propheten Israels nicht gestützt.
Das Amosbuch gibt vielmehr in drei recht verschiedenen Zusammenhängen eine andere Antwort auf die Frage, warum Amos zur öffentlichen Verkündigung angetreten ist.

Die erste findet sich am Schluß einer rhetorisch-didaktischen Reihe von Fragen, mit denen er sein Auftreten vor skeptischen Hörern verteidigt (3,8): »Hat ein Löwe gebrüllt, wer fürchtet sich dann nicht? Hat Jahwe geredet, wer verkündet dann nicht?« Mit diesem Wort wehrt sich Amos gegen den Verdacht, er habe seine Schreckensbotschaft gegen Israel aus eigenem Antrieb und im eigenen Interesse vorgebracht. Er entgegnet mit der zwingenden Beweisführung damaliger Weisheitslehrer. Jedes Ereignis läßt nach dem auslösenden Faktor fragen. So wie plötzliches Löwengebrüll den Schrecken in die Glieder jagt, genauso zwingt Jahwes Reden dazu, es weiter zu sagen. So wie die Angst vor dem Löwen unvermeidbar ist, so

unmöglich ist das Schweigen, wenn Jahwes Auftrag einen überfiel. Damit hat Amos den Verdacht energisch zurückgewiesen, er rede aus eigener Initiative oder er habe Jahwes Spruch gesucht oder gar als Orakeltechniker herausgefordert. Das wahre Wort Jahwes kam über ihn, ohne daß ihn je danach verlangt hätte. Ungewollt, aber auch unweigerlich sah er sich einem Sprechen Jahwes ausgesetzt, zu seinem eigenen Erschrecken. Widerstand war unmöglich. Jahwes Wort kam als verbum irresistibile, – als unwiderstehliches Wort. Kein überkommenes Amt legitimierte ihn, keine eigene Gesellschaftskritik; weder ein gesuchtes Orakel noch eine überlieferte Tora. Ein neues Wort Jahwes hat ihn überwältigt. »Der Herr hat gesprochen.« Das ist seine einzige Antwort, wenn man ihn fragt: Warum redest du so?
Daß Amos mit Sicherheit ein neues Wort meint, das ihn persönlich unwiderstehlich überfiel, geht aus den beiden anderen Textzusammenhängen eindeutig hervor, die Amos' Auftreten legitimieren.

Der zweite bietet eine Szene, die am altehrwürdigen Heiligtum zu Betel spielt (7, 10–17). Wir verdanken sie einem zeitgenössischen Berichterstatter. Da setzt der Priester Amazja, der die Aufsicht führt, einen Melder in Marsch. Er soll dem König Jerobeam in Samaria folgende Anzeige überbringen: »Amos zettelt gegen dich Aufruhr an mitten im Hause Israel; das Land vermag all seine Sprüche nicht mehr zu ertragen. Denn so hat Amos gesagt: Jerobeam stirbt durchs Schwert, und Israel wird verschleppt, ja verschleppt ins Exil von seinem Lande weg.« So wird Amos als Aufwiegler angezeigt, der einen gewaltsamen Umsturz anbahnen will.
Aber zweierlei verschweigt die Anzeige. Sie nennt nicht die Gründe für die Untergangsdrohung, die Amos bewegt haben und die er regelmäßig nannte, nämlich Jahwes Wort und Israels Unrecht. Und sie gibt nicht an, wer die Katastrophe heraufführt, nämlich nicht Amos als Verschwörer, sondern der Gott Israels selbst.

Der Priester weiß sehr wohl, was er verschwiegen hat. Darum sucht er seinen Angeklagten vor dem Eintreffen des königlichen Entscheids in Sicherheit zu bringen: »Seher! Geh! Flüchte in das Land Juda! Dort kannst du dein Leben fristen. Dort kannst du auch prophetisch verkündigen. Aber in Betel wirst du nicht noch einmal als Prophet auftreten! Denn ein Königsheiligtum ist dies hier, Staatstempel ist dies hier.« Was ist das für ein Rat! Er platzt vor Respekt nach beiden Seiten. Wen fürchtet dieser Amazja eigentlich mehr: Jerobeam oder Amos? Er möchte nicht des Prophetenmordes mitschuldig werden. So rät er seinem Todeskandidaten zur Flucht. Er versucht das Unmögliche: er will Amos und Jerobeam zugleich gerecht werden, – dem prophetischen Richter des Königs (Amos) – und zugleich dem königlichen Richter des Propheten (Jerobeam). Mit dem Fluchtbefehl will er die Not lösen, die viel mehr seine eigene als die des Amos ist. Neben das Zerrbild des politischen Revolutionärs setzt er das des geistlichen Sonderlings; er ist nur zu ertragen, wenn er sich von der geltenden Ordnung steuern und so auch schützen läßt.

Amos zerbricht beide Bilder mit einer scharfen Entgegnung: »Ich bin kein Prophet, auch kein Prophetenschüler bin ich. Vielmehr bin ich Viehzüchter und einer, der Maulbeerfeigen veredelt.« Wie erfrischend nüchtern spricht der Mann aus Tekoa! Hier fällt die wichtigste negative Entscheidung für das Verständnis dieses Sehers. Er läßt sich nicht als berufsmäßiger politischer Unruhestifter einordnen. Ihn treibt weder die eigene Leidenschaft noch die einer Partei. Am allerwenigsten aber muß er mit dem Beruf eines Propheten sein Brot verdienen. Er hat sein gutes Auskommen als Viehzüchter, der obendrein Feigenplantagen besitzt. Es ist beachtenswert, wie der erste klassische und kanonische Prophet betont, daß er ein Laie ist. Er weist die offizielle Amtsbezeichnung des Propheten zurück. Er will weder von einer soziologischen Kategorie noch von einem allgemein menschlichen Bedürfnis her begriffen werden. Er zerschmettert Amazjas Prophetenbild und zugleich viele ähnliche. Dieser Verkündiger ist als solcher ganz und gar nicht von seinem Ich her zu verstehen. Dreimal negiert er ausdrücklich den Zusammenhang zwischen seinem Ich und seinem Verkündigen: *Ich* – kein Prophet! *Ich* – kein Prophetenschüler! *Ich* – ein Schafzüchter! Mit dem letzten sind seine persönlichen Bedürfnisse voll gedeckt.

Aber wie soll ihn denn Amazja, der Prototyp seiner Hörer, sehen? Amos stellt seinem dreifachen Ich in V. 14 einen dreifachen Hinweis auf Jahwe in V. 15 f. gegenüber: »Aber *Jahwe* hat mich hinter der Herde weg gegriffen, und *Jahwe* hat zu mir gesagt: Geh! Tritt mit prophetischer Verkündigung hin vor mein Volk Israel! So höre nun das Wort *Jahwes!*« Das sind Sätze, die alle Schleier zerreißen. Wer Amos verstehen will, muß Jahwes bezwingenden Griff zur Kenntnis nehmen; er muß in seinen Aussagen den Überfall Jahwes selbst erkennen und sein unwiderstehliches Wort vernehmen. Amos ist ausschließlich als Prophet wider Willen zu begreifen. So befremdlich es für uns Heutige sein mag, so unvermeidbar ist doch die Einsicht: jede anthropologische Deutung dieses Prophetentyps kann nur die Reihe der politisch-psychologischen Zerrbilder vom Schlage Amazjas verlängern. Die theologische Kategorie ist wissenschaftlich unverzichtbar. Ohne Gott bin ich nicht zu begreifen – das sagt Amos unüberhörbar. Wer hier wirklich verstehen will, muß sich dem Hinweis stellen: »Der Herr hat geredet« – indem er Amos persönlich hinter der Herde wegholte. »Der Herr hat geredet« – das trennte ihn von seinem bürgerlichen Beruf (mindestens auf Zeit). Das machte ihn zu einem Einzelnen, abseits von allen Prophetengenossenschaften, zu einer unverwechselbaren, namhaften Persönlichkeit. Das hat ihn zum Widerstand gegen den regierenden König und gegen dessen beamteten Priester ermächtigt. Das Wort Jahwes, dem er nicht widerstehen konnte, hat ihn selbst für Amazja unwiderstehlich gemacht. Das eindeutige Wort Jahwes stempelte sein Leben zu einem eindeutigen Leben. So wurde Gottes Volk auch in seinem Umbruch, durch die Prophetie heraufgeführt, auf ein unwiderstehliches, eindeutiges Wort gegründet.

Doch wie haben wir uns den Überfall des unwiderstehlichen Wortes konkret vorzustellen? Darauf antwortet Amos selbst in dem dritten Textkomplex, in dem sein Auftreten legitimiert wird. Es ist der autobiographische Visionenzyklus in Amos 7, 1–8; 8, 1–2; 9, 1–4. Die Einblicke, die wir hier gewinnen, wühlen den Leser auf. Die Schilderungen sind denkbar wortkarg und doch in allem Wesentlichen präzis. Man spürt, daß der Berichterstatter ganz und gar nicht von der Lust zum Erzählen beherrscht wird. Die Not des Überwältigten läßt ihn nur gerade das Unentbehrliche mitteilen. Prall voll von Fakten sind diese Skizzen.

Jede beginnt: »Solches hat mein Herr Jahwe mich sehen lassen.« Zuerst muß er einen Heuschreckenschwarm wahrnehmen; er frißt das ganze Land kahl zu einer Zeit, in der kein Nachwuchs mehr zu erwarten ist. Damit ist die Zukunft des Volkes total gefährdet. Da schreit Amos auf: »Mein Herr Jahwe, verzeih doch! Wie soll Jakob bestehen? Es ist doch so klein.« Darauf stellt Jahwe diese Strafe zurück. Aber dann muß Amos in einer neuen Vision Zeuge eines Feuerregens von unerhörten Ausmaßen werden. Er zehrt die unendlichen Wasser der Grundflut auf, aus der alle Quellen gespeist werden, so daß auch das letzte fruchtbare Ackerstück vom Sintbrand gefressen wird. Wieder schreit Amos auf: »Mein Herr Jahwe, halte ein! Wie soll Jakob bestehen? Es ist doch so klein.« Keiner kann die Solidarität des Amos mit seinem tödlich gefährdeten Volk bei diesen Bittrufen überhören. Wer will da noch behaupten, seine scharfen Worte gegen Israel seien seinem eigenen Willen zur Opposition entsprungen? Die ersten beiden Visionen zeigen zu deutlich einen Mann, den der Gerichtswille seines Gottes ganz unerwartet und höchst unerwünscht traf. Wir sehen, wie er sich mit Vehemenz zugunsten des bedrohten Volkes gegen diesen Gotteswillen aufbäumt, bei vollem Wachbewußtsein. Das Gegenteil von einem ekstatischen Aufgehen in den Gotteswillen findet statt. Jahwes Geduld gewährt der Bitte des Amos noch einmal eine Frist.

Aber dann stürzt ein drittes Bild in sein Auge: ein Senkblei

prüft eine Mauer, ob sie noch standfest oder ob sie reif zum Abbruch ist. Jetzt ergeht zum ersten Mal zur Vision alsbald die Stimme Jahwes: »Amos, was siehst du?« In wacher Zwiesprache mit seinem Gott muß er lernen, selbst in Worte zu fassen, was ihm enthüllt wurde. Erschrocken einsilbig antwortet er: »Ein Richtblei!« Dann folgt die Deutung Jahwes: »Siehe, ich lege ein Richtblei an mitten in meinem Volke Israel. Ich gehe nicht länger schonend an ihm vorüber.« Diese dritte Vision sagt mehr als die ersten beiden. Sie droht nicht nur Unheil an. Sie zeigt vielmehr, daß nicht Willkür Jahwes Eingriff herbeiführt, sondern eine unbestechliche Prüfung. Sie bringt das Urteil, dem Amos nun nicht mehr zu widersprechen vermag. Das Haus Israel ist abbruchreif.
Eine vierte Vision zwingt Amos noch einmal, selbst in Worte zu fassen, was er in der Vision schaut: den Erntekorb. In ḳájiṣ klingt ḳēṣ auf: Ernte ist Ende. Damit folgt der Prüfung das Urteil: »Das Ende ist gekommen für mein Volk Israel. Ich gehe nicht noch einmal schonend an ihm vorüber.« Die fünfte Vision führt aus, daß diesem Ende keiner entrinnen wird.

So also ist Amos von Jahwe überwunden worden: in einem visionären Dialog auf der psychischen Stufe eines gesteigerten Wachbewußtseins. Ein ganz neues Wort ist ihm dabei aufgenötigt worden: das von dem verschuldeten Ende der Geschichte Israels. Nichts erklärt sich hier vom Menschen Amos her, alles aber aus dem, was ihm seinem Eigenwillen zum Trotz widerfahren ist. Die Entscheidungen seines Gottes haben ihn in eine völlige Vereinsamung geholt. Sie überführten ihn zu einer Gewißheit, der er sich nicht zu entziehen vermochte. Dabei ist der Inhalt nichts Überweltliches, nichts Transzendentes. Um dieses irdische Leben geht es. Das Gegenteil einer mystischen Gottesschau oder einer Erkenntnis höherer Welten ereignet sich hier. Die Amos-Überlieferungen entreißen uns einem solchen Mißverständnis ganz und gar. Was Amos aufgetragen wird, gilt genau dem weltlich-geschichtlichen Israel der Tage Jerobeams und seinen gesell-

schaftlichen und religiösen Mißständen. Seine Sprüche, die er auf Grund seiner Visionen verkündet, zeigen es schlagend. Darum vermag Amos Sozialreformer und Revolutionäre in seinen Bann zu schlagen.
Aber als Propheten verstehen wir ihn nur, wenn wir ihm den unüberhörbaren Rückverweis auf den Angriff Jahwes, den unvergleichlich Wirksamen, abnehmen, auf die Enthüllungen seines Gottes, auf Jahwes bezwingendes Reden. Solche Widerfahrnisse sind nicht jedermanns Ding, in Amos' Tagen nicht, wie Amazja zeigt, und heute nicht. Die Moderne gerät in Verlegenheit, weil mit dem Hinweis auf Gott ganz Fremdes, Unverrechenbares in unsere Geschichte eintritt. Doch dürfen wir deshalb nicht soziologischer Nivellierung verfallen und Amos zur Normalerscheinung eines Zeitanalytikers, Sozialreformers oder utopischen Revolutionärs verfälschen. Vielleicht brauchen wir nichts nötiger als einen Zeugen des Unvergleichlichen, der allein Zukunft heraufführt.
Wir haben Amos als Zeugen eines unwiderstehlichen Wortes kennengelernt. An ihm wird besonders deutlich, was grundsätzlich auch von den anderen alttestamentlichen Propheten gilt. Jeremia kann es im Aufschrei zu seinem Gott so sagen: »Du hast mich gepackt und überwältigt. Ich bin darüber zum Gelächter geworden tagaus tagein, jedermann verspottet mich« (20, 7). Aber auch die neutestamentlichen Zeugen Jesu Christi stehen genau auf dieser Linie; auch sie kommen von einem unwiderstehlichen Ruf her. Von Petrus und Johannes überliefert Apg 4, 20 das Wort: »Wir können's ja nicht lassen, daß wir nicht reden sollten von dem, was wir gesehen und gehört haben.« Und Paulus spricht von der anangke (1 Kor 9, 16 f.): »Ein Zwang liegt auf mir. Wehe mir, wenn ich das Evangelium nicht verkündigte!«
Hier ist heute die Kirche, hier sind heute alle ihre verantwortlichen Glieder gefragt, – in Wahrheit jeder Mensch: Weiß sie, wissen sie, daß sie von einem verbum irresistibile herkommen? – von einem unwiderstehlichen Wort? Fragen wir entschieden nach diesem Wort bei Propheten und Aposteln? Denken wir nicht heute viel zu viel über das nach, was alles man

auch noch zur Sprache bringen könnte, auf Grund des psychologisch oder soziologisch Ableitbaren? Wir überlegen: was könnte für die Zeitgenossen interessant sein? Was könnte man auch noch diskutieren? Wir suchen das Vielerlei und überlassen die Zeitgenossen und uns doch damit sich selbst und uns selbst. Statt dessen ist uns aufgetragen, nach dem einzig Notwendigen zu fragen, das Propheten und Aposteln von ihrem Herrn aufgenötigt wurde, zur Befreiung aus dem widersprüchlichen Leben, das uns in Zweideutigkeit zerreißt. Eine rigorose Reduktion des Vielerlei unserer Themenpalette erscheint geboten. Uns muß wieder bewußt werden, wie sich der Vorstoß der alt- und neutestamentlichen Zeugen in unsere Welt vollzogen hat. Das mündlich verkündigte prophetische Wort z. B. gewann ein solches Gewicht, daß sich u. a. auch eine literarhistorische Konsequenz ergab. Die Literaturgattung der reinen Prophetenspruchsammlung ergab sich seit Amos. Damit wirkte das unwiderstehliche Wort auch als Literatur weiter. *So* will es von uns gelesen und aufgenommen werden. Es will vom Leser nach dem Unwiderstehlichen seiner Botschaft befragt sein, als Hilfe zum eindeutigen Leben.

Was wurde Amos aufgenötigt? Was ist es, das Amos keinesfalls verschweigen kann? Es ist die unbedingte Grundgewißheit vom *Ende* der bisherigen Geschichte, vom begrenzten Leben. Das hatte ihm die vierte Vision vom Erntekorb eingebrannt. Das war der Schrecken des Löwengebrülls, der sein Leben erschüttert hatte. Das hatte Amazja unerträglich gefunden. Denn so hatte Amos es verdeutlicht: »Jerobeam stirbt durchs Schwert, und Israel wird verschleppt, ja verschleppt von seinem Boden weg.« Diese Vertreibung aus dem Lande ist aber für Amos und sein Volk viel mehr als irgendein historisches Mißgeschick. Sie annulliert die Gabe des Landes in der Frühzeit; mit ihr hatte Jahwe seine Güte und Erwählung besiegelt. Mit der Entfernung aus dem Lande wird also die Heilsgeschichte beendet. Im Völkerspruchzyklus dehnt Amos das Gerichtswort auf Aramäer und Philister, Ammoniter und

Moabiter aus; wie dieser feindlichen Umwelt, so ruft Jahwe es dann Israel selbst schockierend zu: »Ich nehme es nicht zurück« – nämlich das Wort vom Ende.

Mit dem Wort vom Ende ist seit Amos ein unentbehrliches Stichwort in die biblische Botschaft eingedrungen. Es zerbricht das billige Klischee vom »lieben Gott«. Amos stößt uns an, in radikaler Nüchternheit die Gewißheit des Endes auf manches zu beziehen, was uns wie selbstverständlich dauerhaft erscheint. Amos vermag unsere Selbstbesinnung zu stimulieren, wenn er seine Botschaft vom Ende variiert und konkretisiert. Er ruft dem Priester Amazja die Konsequenz zu: »Du selbst wirst auf unreinem Boden sterben« (7, 17). Den Frauen Samarias droht er an (4, 2 f.): »Ihr werdet fortgeschleppt mit Stricken und Harpunen ... weg über den Hermon hinaus.« Den Wallfahrern in Gilgal krallt er es mit Assonanzen ins Gedächtnis (5, 5): »Gilgal muß in die Gola und Betel, das Gotteshaus, geht zum Teufel.« Mit Ironie pfeffert er das Wort an Samarias Elite (6, 1–7): Die sich als »Spitze« der Gesellschaft fühlen und die da »Spitzen«-Qualitäten genießen, werden »die Spitze« im Zuge der Deportierten bilden. Auch nimmt er theologische Traditionen auf, um sie radikal umzukehren (3, 2): »Nur euch habe ich ausersehn aus allen Sippen der Erde, drum ahnde ich auch an euch alle eure Vergehen.« Erwählung darf keine Selbstsicherheit begründen, sondern muß Furcht vor dem Gericht erzeugen. Noch auf mancherlei sonstige Weise kann Amos das Ende radikal anzeigen: in Form der Totenklage, in der Gestalt eines Erdbebens oder eines kriegerischen Einfalls mit hoffnungsloser Panik. Immer ist es die Botschaft vom Ende, der sich die Hörer unausweichlich stellen müssen. Keine Bosheit kann sich endlos austoben.

Schauen wir die Konkretionen näher an, so fällt uns inmitten aller Varianten eine Konstante auf. Es ist das Ich Jahwes, der das Ende heraufführt. »Ich sende Feuer, ich zerbreche, ich fälle« (1, 4 f. 7 f.; 2, 2 f.), »ich wende meine Hand gegen sie« (1, 8), »ich ahnde« (3, 2), »ich schlage« (3, 15), »ich schreite durch deine Mitte« (5, 17), »ich verbanne« (5, 27), »ich verabscheue, ich hasse, ich liefere aus« (6, 8), »ich lege das Bleilot an, ich gehe nicht mehr vorüber« (7, 8; 8, 2), »ich richte mein Auge auf sie zum Unheil und nicht zum Heil« (9, 4). Was also bringt das Ende in jedem Falle? Nicht Jahwes Abwesenheit (sie bestimmt vielmehr die Gegenwart, in der die Bosheit ihre Schreckensherrschaft ausüben kann); das Ende bringt vielmehr seine unerwünschte, unerwartete, aber unausweichliche Ankunft. Das mag gerade für uns im Leben der Gottesvergessenheit wichtig werden, für uns in einem Leben, in dem Gott verdrängt ist: nicht das Ende als solches in seinen verschiedenen Konkretionen ist zu meditieren, sondern die unerwartete Aussicht, daß wir im Ende des unvergleichlich wirksamen Gottes gewärtig werden. Wir begegnen im Ende dem Herrn des Lebens. So zieht Amos 4, 12 die Folgerung: »Genau weil ich dir dieses tun will, mache dich bereit zur Begegnung mit deinem Gott, Israel!« Die Botschaft vom Ende ist also exakt die Botschaft von der unausweichlichen Begegnung mit Gott. Weil Propheten dem Ende voraufgehen, gibt es die Möglichkeit, sich zu bereiten. In der Spannung zwischen Gegenwart und Zukunft sieht der Mensch zu wenig, wenn er sich allein darin sieht. Der Zusammenhang zwischen gegenwärtigem Verhalten und künftigem Geschick gewinnt eine neue Dimension. Das Zusammentreffen mit dem unvergleichlich Wirksamen ist das Grundelement des unwiderstehlichen Wortes. Es findet im neutestamentlichen Wort vom Kreuz Christi seine neue Gestalt; es ist das Wort vom Ende, in dem Gottes Gericht unausweichlich präsent ist.

Doch das wird erst voll verständlich, wenn wir uns durch Amos zunächst noch einen erheblichen Schritt weiterführen lassen. Amos hat mit großer Regelmäßigkeit in seinen Sprüchen das kommende Ende mit gegenwärtigem Unrecht begründet. Das unterscheidet den Propheten vom Hellseher. Das Ende kündigt er als *verschuldetes* Ende an. Das Ende dokumentiert ein verfehltes Leben. So entschieden Amos um die Zukunftskatastrophe weiß, so wenig bedenkt er Zukunft als

Gefahr, sondern vielmehr als Schuld. Im Künftigen begegnet nicht ein unbestimmtes Verhängnis, nicht ein dunkles Schicksal, sondern der Gott, dessen Wegweisung dem Menschen klar gesagt war, die aber der Mensch verdrängt und vergessen hat. So fordert die nüchterne Sicht des Endes vor allem die Selbstprüfung heraus. Amos' Beispiele können uns inspirieren.
Warum kommt der Krieg, dem keiner standhält (2, 13–16)? Weil die Verachtung kleiner Menschen überhand nimmt, bis dahin, daß ein Mann und sein Vater mit demselben Mädchen verkehren (2, 6 f.). Mißbrauch von Abhängigkeitsverhältnissen führt zu willkürlichen Einbrüchen in die Intimsphäre junger Frauen. Solch zweideutiges Leben fordert ein eindeutiges Ende heraus. Die Ursache kommenden Elends liegt in der gegenwärtigen Mißachtung von Gottes Liebes- und Schutzgebot.
Amos fragt viel tiefer als nach einem äußeren Gehorsam gegen die verkündigten Gebote. Kein Gebot hat untersagt, auf Elfenbeinlagern zu liegen, sich auf den Betten zu fläzen, zum Klang der Laute zu grölen oder Wein gleich aus Kannen zu trinken. Aber wenn die Lebensgestaltung der Führungskreise Samarias vom Luxus beherrscht ist und sie sich »um den Schaden Josefs nicht kümmern«, dann werden diese Führer auch den Zug der Deportierten anführen (6, 1–7). Lebendige Kriterien der Schulderkenntnis sind zur Hauptsache bei Amos Hilfsbedürftige aller Art. Sollten wir hier das Verhalten unserer Freizeitgesellschaft zur dritten Welt und zu Behinderten aller Art bedenken?
Amos' Kritik gilt nicht zuletzt den religiösen Festversammlungen mitsamt ihren Opferspenden und ihren Lobgesängen (5, 21–24). Er verwirft sie als genießerische Selbstbefriedigung und als religiöse Leistung. Israels Gott will nicht Empfänger von Leistungen sein. Sein Volk sollte von ihm empfangen: Recht und Gerechtigkeit. Er läßt sich nicht zur Passivität des Gefeierten degradieren. Er will bleiben, was er seit je war: der Aktive, der seinem Volk die Lebenswasser rechten Lebens spendet und es zur besseren Gerechtigkeit anleitet. Gottesdienst kann nie Selbstbedienung sein. Doch so hält man es.

Gottes Führung ist vergessen. »So führe ich euch noch über Damaskus hinaus« (5, 27).

Das Ende ist verschuldetes Ende. Das Wort von der Schuld begründet das unwiderstehliche Wort vom Ende. Denn so gewiß das Ende nach Amos zur Begegnung mit Gott in der Zukunft führt, so gewiß ist die prophetische Kritik der Gegenwart vom eindeutigen Willen des Gottes Israels beherrscht. Diese in Gott gegebene Verbindung von Gegenwart und Zukunft kann im Einzelfall durchaus einer immanenten Kausalität entsprechen, die rational nachprüfbar ist. Aber das muß nicht der Fall sein. Verbindlicher, ja unlöslich verbunden sind Gegenwart und Zukunft dadurch, daß Gottes Volk hier und dort demselben Gott begegnet, hier im Gebot, dort im Gericht. Amos sagt dazu zweierlei: *die Schuld der Gegenwart ist unabweisbar*, und *das Gericht der Zukunft ist unausweichlich.* Genau damit aber setzt er mitten im Alten Testament den Brückenpfeiler zu jener Brücke, die zum Neuen Testament hinüberführt. Beide Sätze sind im Neuen Testament vorausgesetzt. Ohne sie ist nicht zu verstehen, daß Jesus Christus die unabweisbare Schuld und das unausweichliche Gericht auf sich nahm.

Neu aber ist im Neuen Testament das dritte: mitten im verschuldeten Ende bricht durch den Einsatz Jesu Christi ein *neues Leben* an. Schon das Amosbuch deutet an, daß jenseits des Gerichts neue Taten Gottes zu erwarten sind. Die zerfallene Hütte Davids soll neu aufgerichtet werden (9, 11 f.). Die verschuldete Verwüstung, Verwilderung und Zerstreuung wird nur das Vorletzte sein; Gottes Macht und Gnade werden Fruchtbarkeit und Frieden und damit eine ganz neue Heimat stiften (9, 11–15). Solche bedingungslosen Hoffnungsworte haben Israels Augen in den auf Amos folgenden Jahrhunderten aufgerichtet und im Warten wachgehalten für die neuen Taten Gottes. Sie sind Modelle und Impulse der Hoffnung, die in Jesu Auferweckung von den Toten ganz neuen Grund erhält.

Mindestens ein auf Amos selbst zurückgehendes Wort weist über das verschuldete Ende hinaus (5, 4): »So hat Jahwe gesagt für das Haus Israel: Suchet mich! Dann lebt ihr. Nicht sucht Betel! Zieht nicht ein nach Gilgal! Denn Gilgal geht gefangen fort, und Betel wird zuschanden.« Für Amos' Zeitgenossen war es identisch: Jahwe suchen und das Heiligtum aufsuchen. Diese Identifikation soll einer eindeutigen Antithese weichen. Denn die Wallfahrten waren zur Tarnung der Eigensucht und Menschenverachtung geworden. Betel und Gilgal gehen unter im verschuldeten Ende. Leben ist nur bei Israels Gott selbst zu gewinnen, im Vernehmen der Stimme seines Boten, in der ihm Gottes Ich entgegentritt. »Suchet mich! Dann könnt ihr leben.« Diesen Ruf des Amos hören wir post Christum crucifixum et resurrectum als Einladung zu einem neuen Leben. Dabei ist und bleibt dieser Ruf eng verbunden mit der Botschaft vom verschuldeten Ende. Ich fasse zusammen, wie uns Amos 5, 4 in Verbindung mit dem Neuen Testament die drei wesentlichen Aussagen des Amos einschärft.

1. Seid gewiß, daß aller Bosheit ein *Ende* gesetzt ist! Nichts Zwielichtiges hat Dauer. Rechnet nüchtern damit, daß alles Unrecht, alle Gier, alle Menschenverachtung, alle aus Angst geborenen Aktionen nur den Tod als Zukunft vor sich haben! Merken wir dabei, daß die Botschaft vom kommenden Ende auch schon eine Wohltat ist? Der Atem der Freiheit von aller Bosheit weht uns an. Das Ende zeigt sich schon als die Kehrseite des Evangeliums für die Täter wie für die Erdulder des Bösen, aber auch für die Masse der Halbherzigen.
»Suchet mich, *dann* lebt ihr!«

2. Seht ein, daß der drohende Untergang *verschuldet* ist. Amos hilft uns mit seinen Anklagen, unseren eigenen Anteil am verfehlten Leben zu erkennen. Vor allem öffnet er das Auge dafür, im verschuldeten Ende Gott selbst zu begegnen. Unter dem Kreuz Christi erfahren wir, daß kein Ende uns trennen kann von der Liebe Gottes, auch keine Not, auch kein Tod. In unserer Zerrissenheit bleiben wir nicht mit unserer Psyche allein. Im verschuldeten Ende finden wir die Gemeinschaft des Gekreuzigten. »Suchet mich, dann *lebt* ihr!«

3. So können wir von der Gegenwart in die Zukunft als *Versöhnte* eintreten, als freigesprochene Verbrecher, als Amnestierte. Gottes Mahnung durch Amos »Suchet mich, dann lebt ihr!« begreifen wir nun neu als Einladung zur Nachfolge Jesu. Sie erlaubt uns, täglich neu die Brücke zur Zukunft zu betreten, in eindeutiger Schulderkenntnis, in eindeutiger Sorge um Gerechtigkeit, in eindeutiger Versöhnungsbereitschaft. »Suchet *mich*, dann lebt ihr!«
Denn wir haben gelernt: Umsonst ist der Widerstand gegen dieses gute Wort, – vergeblich ist er wie einst bei Amos so jetzt bei uns späten Hörern. Zu unserem Besten ist das Wort unwiderstehlich.

Das wirksame Wort

Hosea und die Heilung des Unverbesserlichen

Mitten in eine heftige Auseinandersetzung ruft der Prophet Hosea als Willenserklärung seines Gottes: »Ich schlage drein durch Propheten, ich töte sie durch meines Mundes Worte. Dann bricht mein Recht wie Licht hervor« (6, 5). Propheten sollen als wirksame Werkzeuge erfahren werden; mit ihnen holt Gott zu einem entscheidenden Schlage aus. Mit Propheten schlägt er das Verkehrte nieder. Ja, der Prophet ist auch Todeswaffe. Sie räumt aus dem Wege, was dem Recht die Bahn versperrt: »Dann bricht mein Recht wie Licht hervor.« Nun, wer immer Hoseas Worte genauer ansieht, der spürt noch durch die schriftliche Überlieferung hindurch das Schwingen des Schwertes, – und dann auch, wie er es in die Scheide steckt. Von den Leidenschaften seines Gottes sieht sich Hosea hingerissen zwischen gnadenloser Finsternis und lichtvoller Innigkeit, zwischen Zorn und Liebe, zwischen Enttäuschung und Hoffnung. Ja, leidenschaftliche Liebe führt zuletzt das Wort und die Hand. Bei Hosea erfahren wir, wie das Wort seines Gottes sich als handelndes Wort erweist, das dem Menschen dicht auf den Fersen bleibt. Es ist wirksames Wort. Zwei Fragen suchen Antwort: Wie wirkt es? Was wirkt es?

Die Eingangskapitel des Hoseabuchs verweigern zunächst auf *diese* Fragen die Antwort. *Vor* der Frage nach der öffentlichen Wirkung gehen die Kapitel 1 und 3 auf die Frage der persönlichen Vorbereitung des Propheten ein. Das wirksame Wort seines Gottes will sich zuerst im privaten Leben des Propheten auswirken. Wir erhalten also vorweg Antwort auf die Frage: Wie wird der Prophet als wirksames Werkzeug zugerüstet?

Es sind drei unerhörte *Zumutungen*, von denen uns Kap. 1 und 3 berichten. Da ist zunächst gar nichts von Kämpfen und Schlägen in der Öffentlichkeit zu spüren. Wir werden vielmehr in eine Intimsphäre hineingeholt. Und doch beziehen sich diese Szenen einer Ehe auf den öffentlichen Auftrag. Die persönlichen Zumutungen werden zu Zeichenhandlungen.

Sehen wir die erste. Sie wird ausdrücklich als »Anfang des Redens Jahwes durch Hosea« eingeführt (1, 2): »Wie Jahwe anfing, *durch* Hosea zu reden: Jahwe sprach *zu* Hosea: Geh! Nimm dir ein Hurenweib und Hurenkinder!« Gottes Reden durch Hosea beginnt mit einem Reden zu Hosea. So singulär der spezielle Auftrag an Hosea war, so generell stellt sich für jeden Boten die Frage nach dem persönlichen Gehorsam. Rechte Sprecher werden wir immer nur als gute Zuhörer. So ungewöhnlich die Zumutung an Hosea ist, so gewiß werden öffentliche Boten zu allen Zeiten mit ungewöhnlichen persönlichen Zumutungen zu rechnen haben. Ist es möglich, daß wir dafür in satten Zeiten allzu taub wurden? Hosea – uns stockt der Atem! – soll eine *Hure* zur Frau nehmen. Kaum an einer anderen Stelle ist der Mensch so hochgradig empfindlich wie bei der Wahl des Lebensgefährten. Wehe, es wagt ihm einer dazwischenzureden! Von Hosea aber wird das Unerhörte verlangt: eine Prostituierte heiraten! – ein Frauenzimmer, das für eine Ehe extrem ungeeignet, ja widerlich ist. (Bedenken Sie einen Augenblick, was Gemeinden von den Ehefrauen der Pfarrer erwarten!) Aber es ist fraglich, ob von Hosea gefordert wird, sich mit irgendeiner Nutte fest zu verbinden, die sich für Geld schon einem nach dem andern an den Hals geworfen hat. Wahrscheinlich ist hier nicht irgendein landläufiges Strichmädchen gemeint. Vielmehr haben wir im Israel des achten Jahrhunderts an den Einbruch kanaanäischer Fruchtbarkeitsriten zu denken. Da setzen sich Frauen im heiligen Hain nieder und warten auf Fremde, die mit ihnen verkehren. Für Hosea allerdings sind gerade auch solche kultischen Brautriten nichts anderes als Hurerei. Denn sie dokumentieren Untreue gegen die Liebe des Gottes Israels. Maßstab auch des sexuellen Verhaltens ist die Verläßlichkeit seiner Liebe, die nicht ihresgleichen hat. Genau die Untreue gegen die Liebe Gottes aber soll Hosea mit seiner Heirat nach Gottes Willen darstellen: »Denn das Land läuft der Hure gleich von Jahwe fort« (1, 2b). Er muß die totale Enttäuschung seines Gottes nachvollziehen und demonstrieren: Jahwes Geliebte, seine Frau, Israel, läuft ihm davon, um sich einer Unzahl von Fremden, den Abgöttern und deren irdischen Vertretern hinzugeben. Jahwes Schmerz und Israels Schuld soll Hosea in sein Leben umsetzen, aber auch Gottes Entschlossenheit, die Davongelaufene nicht ihrem Elend zu überlassen. Liebe ohne die Kehrseite von Schmerz, Schuld und Eifer – ohne ihr »Du allein!« – wäre in Wahrheit verlorene Sexualität.

Die zweite Zumutung ist nicht weniger aufregend. Auch sie greift in zarteste Vorgänge einer Ehe ein. Es geht um die *Namengebung* der Kinder. Bis heute kommen dabei persönlichste Erfahrungen und Wünsche, Liebe und Dankbarkeit, Freude und Hoffnung zum Ausdruck. Doch Hosea soll seinen drei Kindern Namen geben, die als Personennamen überhaupt nicht üblich sind, ja, die mit ihrer Bedeutung gräßlich abstoßend wirken. Der älteste Sohn soll Jesreel heißen. »Jesreel« – das ist ein Orts- und Landschaftsname. Im Zusammenhang erinnert er eindeutig an ein massenhaftes Blutvergießen der regierenden Dynastie Jehu eben in Jesreel. Als Name eines Kindes ist hier »Jesreel« so ungeheuerlich, als würden wir einen Sohn mit dem Namen »Auschwitz« oder »Hiroshima« belasten. Das erste Kind Hoseas soll mit seinem Namen ständig daran erinnern, daß Jahwe die Blutschuld von Jesreel heimsuchen wird. Das zweite Kind, ein Töchterlein, soll den Namen »Ohne-Erbarmen« erhalten; das klingt so schockierend, als würden wir ein Kind »Friedlos« statt Friederike nennen. Der dritte Name dokumentiert den vollen Bruch zwischen Israel und seinem Gott, wenn es »Nicht-mein-Volk« genannt wird; es entspräche einem »Unhold« statt Gotthold oder noch genauer einem »Los-von-Gott« statt Gottlieb. Wir merken, wie alle drei Namen die Ohren aufreißen bei jedermann, der sie hört. Es hält die Frage nach seiner Unheilsbotschaft unheimlich wach, wenn Hosea so seine Drohworte mit seinem Familienleben verknoten muß.

Zu einem späteren Zeitpunkt trifft ihn dann eine dritte, ganz andersartige Zumutung. In 3,1 heißt es: »Geh nochmals, liebe eine Frau, die einen Freund liebt und Ehebruch treibt, wie Jahwe Israels Söhne liebt, obwohl sie sich an andere Götter wenden und Rosinenkuchen (als kanaanäische Kultspeise) lieben.« Es mag sich um die gleiche Frau handeln, die ihm drei Kinder geboren hatte. Sie ist lediglich ihrer Treulosigkeit treu geblieben und hat sich nochmals mit anderen Männern abgegeben. Nun soll Hosea sie ein weiteres Mal bei sich aufnehmen. Mit einer neuen Zeichenhandlung soll er dokumentieren, daß nicht ihre Verstoßung sein letzter Wille ist, obwohl das Gesetz die *Wiederaufnahme einer Geschiedenen* strikt untersagt (Deuteronomium 24, 1 ff.). Wie Jahwes Liebe nicht aufhört, die Israeliten zu lieben, obwohl sie sich im Selbstbetrug von anderen Göttern ein angenehmeres Dasein versprechen, so soll es sich Hosea in dieser neuen Zeichenhandlung viel kosten lassen, die streunende Ehebrecherin wieder für sich zu gewinnen: »fünfzehn Silberschekel und eine Menge Gerste« (3, 2); in Bargeld allein schafft er es offenbar nicht; der Preis wird ihm sauer. Aber soviel muß er dem letzten Freund der Frau anbieten, um sie rechtens zurückzugewinnen. So wird Hosea in seinem Handeln nicht nur Modell der Schuld Israels, nicht nur Modell des Eifers Gottes, sondern auch Darsteller seiner werbenden Liebe. Immer wirken die Zumutungen seines Gottes ins Privatissimum seines Lebens hinein. Zugemutet wird ihm das tief Befremdliche, ja Anstößige, das aber Wirklichkeit aufdecken soll, zum andern das nachhaltig Auffällige, das Nachfragen weckt, und schließlich die Kosten, die er selbst teuer bezahlen muß. In den Dienst des Gottes Israels geholt zu werden, das ist kein einträgliches Geschäft; es verlangt von seinen Boten in jeder Hinsicht sehr viel. Aber eben ein solches Wort wird über die Jahrtausende als Gottes Wort gehört.

Das Thema Liebe – Ehe – Hurerei wirkt in Hoseas gesamte Verkündigung hinein. Im kultischen, im wirtschaftlichen und im politischen Bereich spricht er von Jahwe als dem liebevollen und verschmähten Mann und von Israel als der treulosen Frau. Das Ehegleichnis für Jahwe und Israel ist vor Hosea nicht nachweisbar. Entstammt es nur seiner rhetorischen Kunst? Wir sahen, daß es ihm aufgenötigt wurde zur Deutung und Umgestaltung von Wirklichkeit. Geistesgeschichtlich liegt ihm ein intensives und folgenreiches Gespräch mit der zeitgenössischen kanaanäischen Mythologie zugrunde. Es ist ein erregender Prozeß von Rezeption und Polemik. Denn mit dem Ehegleichnis riskiert Hosea es erstmalig, aus der religiösen Umwelt die mythische Sicht einer Götterehe aufzunehmen. Der Himmelsbaal befruchtet gleichsam mit seinen Regengüssen als den Spermata die göttliche Muttererde, daß sie ihr Gewächs hervorbringt. Diese mythische Sicht findet in den Vegetationskulten ringsum Israel zahlreiche Ausprägungen. Dem entsprechen Kulte wie die sogenannte heilige Hochzeit zwischen dem König und der Königin, zwischen Priestern und Priesterinnen. Sie sollen kraft Analogiezauber die Fruchtbarkeit des Landes sowie der Tier- und Menschenwelt garantieren. In breiteren Schichten kommt es dann zu den Sexualriten etwa der jungen oder auch älteren Frauen im heiligen Hain kanaanäischen Kultlebens, wo sie mit fremden, unbekannten Männern oder auch mit Priestern verkehren, wie wir es andeuteten und wie es eingehend bei Herodot belegt ist. Manche Aussagen Hoseas werden uns nur von daher verständlich. So etwa Hosea 4, 13 f.: »Unter Eiche und Terebinte, weil ihr Schatten so angenehm – da huren eure Töchter, da brechen eure Schwiegertöchter die Ehe. Die Priester gehen mit Huren abseits, sie halten Opfermahlzeiten mit Tempeldirnen. So kommt das Volk zu Fall mit Huren.« Das, was Hosea »huren« nennt, ist also nicht nur ein freies Austoben leidenschaftlicher Lüste, sondern hatte in Kanaan auch einen rituellen Charakter und war damit quasi religiös legalisiert. Für die Teilnahme an bräutlichen Initiationsriten gab es anscheinend Ausweise in Form von Ritzwunden oder Stirnbändern, Halsketten mit Anhängern und ähnlichem. So versteht sich Hosea 2, 4: »Sie sollen entfernen die Unzuchtsmale aus ihrem Gesicht, ihre Ehebruchszeichen zwischen ihren Brüsten!« Die im heiligen Hain gezeugten Kinder waren der Gottheit zu opfern, in dessen Machtbereich sie gezeugt waren. So erklären sich die kanaanäischen Erstgeburtsopfer, die in Israel verworfen waren. Hosea ironisiert das aufs schärfste (13, 2): »Die Menschen opfern, küssen Kälber« – nämlich die Jungstierbilder der Vegetationskulte. So verführt der Abgott zur Perversität: Tiere küssen sie, und Kinder töten sie! Wir wissen nicht, wie breit der kanaanäische Einfluß seit Elias Tagen bis zu Hosea in Israel vorgedrungen war. Die Übernahme einiger der Praktiken wird man als fortschrittlich gepriesen haben. Gegenüber den altisraelitischen Kreisen wies man wohl darauf hin, daß der Gott Israels doch ein Gott der Wüste war, daß aber im Kulturland das altkanaanäische Fruchtbarkeitsritual mit seiner mythisch-kultischen Erfahrung als zuständige Wissenschaft vorzuziehen sei. Modernität und Lüsternheit gehen listig Hand in Hand.

Hier greift Hoseas Kritik in Jahwes Namen ein (2, 10): »Sie – die treulose Frau Israel – weiß es nicht, daß ich ihr gab Korn, Most, Olivensaft, und sie mit Silber überschüttete und mit Gold, das sie zum Baal machte.« Was passiert hier? Hosea betont erstens: Der Gott der Wüste, Jahwe, ist auch der Gott des Kulturlandes. Er allein. Von ihm stammen auch alle Landeserträge und Kostbarkeiten. »Ich bin dein Gott von Ägyptenland her. Du kennst keinen Gott neben mir. Es gibt keinen Helfer außer mir« (13, 4). – Zweitens: Aus der mythischen Ehe zwischen Himmelsbaal und Muttererde wird bei Hosea die Rechts- und Liebesverbundenheit zwischen Jahwe und Israel. Die sexuelle Komponente tritt ganz zurück. Jahwe kennt keine Göttin als Partnerin, wie Baal die Aschera zur Seite hat. Israel allein ist sein Liebstes. – Drittens: Die Sexual-Rituale nach kanaanäischer Lebensart werden als Hurerei disqualifiziert. Dem einen Gott Israels entspricht der einzige, geliebte Mann in der Ehe und die Abkehr vom Betrug der Männer in den Fruchtbarkeitsriten. Die kanaanäischen Kultgenossen sind

Verrat an Jahwe und verführen zum Abfall zu den Baalim Kanaans. »Sie treiben Unzucht, doch mehren sich nicht«, sagt Hosea (4, 10). Sie sind schlechterdings untauglich zur Lebenserfüllung. So also vollzieht Hosea polemische Rezeption. So verwandelt er den Mythos von der Götterehe in den Ruf zur Heimkehr zum ersten Mann. So klärt er eindeutig das alte Credo im Gespräch mit dem Zeitgeist. Einer Religion mythischer Welterklärung und kultischer Produktions- und Luststeigerung tritt der Ruf zur Liebesverbundenheit mit dem alleinigen Schöpfer aller Dinge entgegen.

Das Jahwegleichnis vom verliebten und betrogenen Mann dient also der Auseinandersetzung mit einem Modernismus in Israel, der sich fortschrittlich dünkt. Es geht um weit mehr als um eine dekorative Bildrede.
Weit mehr als sprachlicher Schmuck sind auch die anderen Jahwegleichnisse. Hosea bietet sie in einer sonst unbekannten Fülle. Neben die Bilder des Ehemanns, des Vaters, des Arztes – sie beschäftigen uns später! – tritt das vom Jäger. Nach 7, 12 verrennt sich Israel in politischer Orientierungslosigkeit bald nach Ägypten, bald nach Assur. Da wirft Jahwe sein Netz wie über einen sich verflatternden Vogel, schleudert sein Wurfholz und holt die Beute herunter. Vor theriomorphen Bildern auch für Jahwe schreckt Hosea nicht zurück (5, 14): »Ich bin wie ein Löwe für Ephraim. Ich, ich zerreiße und gehe, schleppe weg und keiner entreißt.« Die gewöhnliche Sprache reicht nicht, um Israel mit dem Zorn Jahwes zu konfrontieren. So ruft er 13, 7 f.: »Ich werde für sie zum Löwen, wie ein Panther lauere ich am Wege. Ich falle sie an wie eine Bärin, die der Jungen beraubt ist, und zerreiße den Verschluß ihres Herzens (den Brustkorb!). Dann fressen sie die Hunde, wildes Getier zerfetzt sie.« Mit solchen Bildern fällt der Schrecken Jahwes selbst über die Hörer her. Haarsträubend, ja fast frivol klingt es in 5, 12: »Ich bin wie Eiter für Ephraim, wie Fäulnis für Judas Haus.« So spricht Jahwe, wenn sein verwundetes Volk sich an den Großkönig von Assur wendet; der ist ein hilfloser

Arzt, wenn Jahwe selbst sich als fressender Eiter und zersetzende Fäulnis in Israels Leib ausbreitet. So hat noch nie einer von Jahwe zu sprechen gewagt.
Gott, – das ist biblisch-prophetisch nie ein gedachter Begriff, nie ein leeres Hilfswort der Weltdeutung, nie Chiffre des Unerklärten. Es ist der in allem unvergleichlich Wirksame, – und darum eher Eiter oder der Jungen beraubte Bärin als irgendein Abstractum. Es ist vor allem der, der persönlich um sein Volk, um seine Menschen ringt. Die Leidenschaft des Zornes Jahwes reißt den Propheten in seine Affekte hinein. Fromme Traditionen und ästhetische Empfindungen müssen zurücktreten hinter den Willen, die unheimliche und unwiderstehliche Übermacht und Wirksamkeit Jahwes zu bekunden. Aber im Wogen der Leidenschaften darf auch die andere Seite nicht vergessen werden. Wo spät das Heilswort möglich wird, da tönt Jahwes Stimme erquickend: »Ich will wie Tau sein für Israel« (14, 6), oder gar »wie ein üppiger Wacholder« (14, 9), wie ein rechter Fruchtbaum. Da fürchtet Hosea nicht die Nähe zur Sprache der Vegetationskulte. Jahwe kann ja alles aus freier Macht und brennender Liebe schenken, worüber die Baalim in Wahrheit ohnehin nicht verfügen. Die meisten Jahwegleichnisse Hoseas erscheinen in Ich-bin-Worten. Immer soll Israel wahrnehmen, daß Jahwe selbst ihm begegnen will, welche Gestalt er auch annimmt.

Haben uns die Jahwegleichnisse spüren lassen, *wie* das Prophetische mit der Gewalt des Wortes wirksam wird, so ist nun zu fragen, *was* denn Jahwe durch Hoseas Wort bewirken will. Was ist sein Ziel im leidenschaftlichen Gewoge von Zorn und Liebe? Ich meine, der Fülle der Worte bei Hosea eine einzige klare Antwort entnehmen zu müssen: bewirken will Gott *die Rückkehr zur ersten Liebe*. Daß Ton und Gehalt der einzelnen Sprüche recht verschieden sind, hat gute Gründe. Sie sind gesammelt aus 25 Jahren politisch bewegtester Geschichte zwischen etwa 750 und 725 v. Chr. Die Situationen seiner Hörer wechseln. Ihre Reaktionen fordern neue Antworten heraus. Und die Liebe, die um die Erweckung der ersten Liebe ringt, bleibt erfinderisch. Durch Verfremdungen wie durch Enthüllungen erstrebt sie ihr Ziel. Der Ort, an dem die Hörer aufgesucht werden, ist die Verlorenheit an die falschen Liebhaber. Da werden Schöpfungsgaben vergötzt, Vorletztes wird Letztes, Gier wird selbstmörderisch. In Selbstzersplitterung wächst die Verführbarkeit. Dem Befreier wird die Nachfolge versagt, und so wird der Schöpfer aller Dinge unauffindbar. Es muß sich zeigen, an welchem jeweiligen Ort ein Hörer der Hoseaworte steht und mit welchen Mitteln seine Rückkehr zur ersten Liebe eingeleitet wird. Einige typische Versuche, die doch ihre bleibende Bedeutung behalten, nenne ich vorweg, um dann bei dem letztlich Entscheidenden gründlich zu verharren. Verstehen läßt sich hier alles nur, indem ich mich meinen eigenen Abgöttern konfrontiert sehe. Mein Abgott aber ist das, woran ich mein Herz hänge, was mich unfrei macht, – so gewiß das beste Gebet aller Liebenden lautet: »Hilf uns, einander befreien!« Wir hören Hoseas Versuche, seine Hörer zur Rückkehr vom Abgott zur ersten Liebe zu bewegen.

1. In einem der frühesten Sprüche ruft Hosea im Namen Jahwes aus (2, 4): »Verklagt eure Mutter! Verklagt sie! Denn sie ist nicht mehr meine Frau, und ich bin nicht mehr ihr Mann.« Da werden also Israels Söhne, eine nicht näher bestimmte Gruppe, gegen die Mutter aufgeboten: die Jugend soll gegen das Establishment antreten, einsichtige Einzelne sollen sich zusammenfinden und die Schäden einer verblendeten Gesamtheit bei Namen nennen. So verbindet der Gott der Bibel Hoffnung für eine neue Generation mit Gruppen klarsichtiger Söhne, die neu auf ihn hören und dann nicht schweigen.

2. Den zweiten Versuch bringt die Fortsetzung des Textes. Die Ankläger sollen eine ultimative Verwarnung vorbringen (2, 5): »Sie entferne ihre Unzuchtsmale aus ihrem Gesicht, ihre Ehebruchszeichen zwischen ihren Brüsten (die Dokumente der Initiationsriten, die Abzeichen des Lustbetrugs). Sonst ziehe ich sie nackt aus und setze sie aus wie am Tage ihrer Geburt. Ich mache sie zur Wüste ... und lasse sie ster-

ben vor Durst.« Zum zweiten wird also entschiedener Abschied vom verführerischen Verhalten und von verkehrten Hoffnungen gefordert. Die Klarheit tut wohl. Deutliche Trennung könnte helfen – und ein entsprechender Zusammenschluß zur Umkehr in neuer Gemeinschaft der ersten Liebe. Doch Hosea klagt, daß in seinen Tagen beides scheiterte: die Söhne wie die Mutter rennen weiter den falschen Liebhabern nach, mit gefesselter Leidenschaft (2, 6 f.).

3. Der dritte Versuch, die Verrannte zurückzuholen, ist eine Entziehungskur (2, 8): »Ich versperre jetzt ihren Weg mit Dorngestrüpp, daß sie ihre Pfade nicht finden kann. Dann setzt sie ihren Liebhabern nach, aber trifft sie nicht; sie sucht sie, aber findet sie nicht. Dann wird sie sagen: Ich will mich aufmachen und heimkehren zu meinem ersten Mann. Denn damals ging es mir besser als jetzt.« Was die Verwarnung mit dem Wort nicht vermochte, das erreicht die erzieherische Sperre des Zugangs zur Versuchung. Manche Bewahrung in der Stunde der Suchtgefahr bestätigt es dankbar: der Weg zum Verführer war abgeschnitten; die Heimkehr zur ersten Liebe brachte Glück; ein Unfall, eine Krankheit, eine kleine oder große Katastrophe war die rettende Sperre, die zur Freiheit führte. Vgl. auch 3, 3–5.

4. Doch wie lange währt die Hinwendung zur ersten Liebe? In 6, 4 hören wir Jahwe nach einem Bußlied Israels mit sich selbst ringen: »Was soll ich dir tun, Ephraim? Was soll ich dir tun, Juda? Dein Bundessinn ist wie Morgennebel, wie Tau, der schon früh verschwindet.« So schnell wie sich der Bodennebel am Sommermorgen auflöst, wie der Frühtau vor der Sonne schwindet, so schnell sind alle guten Vorsätze dahin. Hoseas Gott täuscht sich nicht über die Schwäche, ja Haltlosigkeit des guten Willens. Und wer könnte es nicht bestätigen? Verzweifelt stellt Jahwe fest: »Sie weiß es nicht, daß ich ihr gab«, was immer sie brauchte. »Sie hat mich vergessen, sagt Jahwe« (2, 10.15). Doch solche Vergeßlichkeit ist nicht das Letzte.

5. Auch wenn die Untreue Jahwe vergißt, – Jahwe kann sie nicht lassen. In 2, 16 f. heißt es: »Drum seht, ich selbst locke sie jetzt. Ich bringe sie in die Wüste.« Wüste? Bedeutet das

nicht Gericht? Ja, Wüste heißt: totales Entbehren. Was wie ein Akt der Verstoßung aussehen könnte, bekommt einen neuen Sinn. Was tut Jahwe weiter in der Nullpunktsituation? »Ich umwerbe ihr Herz. Dann gebe ich ihr von dorther ihre Weinberge . . . Dorthin wird sie willig folgen wie in ihrer Jugend Tagen, wie damals, als sie aus Ägyptenland heraufzog.« Genau in der Wüste, wo es keine verlockenden Stimmen mehr gibt, öffnet sich das Herz für das Werben der Liebe, kommt es zur neuen Nachfolge, zum neuen Empfang der Weinberge.

Bis in dieses letzte Wort hinein spüren wir die immer neuen, immer andersartigen Anstrengungen, die Verlockten und Betrogenen für ein erfülltes Leben zurückzugewinnen. Israel selbst schafft es nicht. Der Unvergleichliche muß es wirken. Das gilt ganz einseitig. Doch die äußersten Mühen liegen noch vor uns.

Es gibt zwei Worte tiefster Hoffnungslosigkeit bei Hosea; vielleicht versteht sie nur der voll und ganz, der der Übermacht der Versuchung trotz aller guten Vorbilder, Zusammenschlüsse, Warnungen, Ultimaten, Sperren, Neuanfänge in trostloser Schwäche verzagt gegenübersteht. Das erste Wort steht 5, 4: »Ihre Taten geben sie nicht frei, zu ihrem Gott zurückzukehren. Denn Hurengeist wirkt in ihrer Mitte, so daß sie Jahwe nicht erkennen.« Hosea weiß um die folgenschwere Bedeutung eines ersten Fehltritts. Ganz klein ist der Schritt vom ersten Experiment mit dem lockenden Abgott bis zur süchtigen Abhängigkeit und dann bis zum völligen Vergessen Gottes, zur Unfähigkeit, ihn noch zu erkennen. Die Unfähigkeit zur Gotteserkenntnis folgt aus dem konkreten Ungehorsam. Hosea sieht: Die Abfolge ihrer Taten fesselt zunehmend Israels Füße. So sagt das andere Wort (7, 2): »Jetzt umzingeln sie ihre Taten, vor meinem Angesicht wirken sie sich aus.« So sieht Hosea seine Hörer völlig eingekesselt, ohne Bewegungsfreiheit, umzingelt wie in einer belagerten Festung, bei bestem Willen unfähig zur Umkehr. Einzelne mögen um solche schreckliche Fesselung wissen. Oder muß ich sagen: Wer eigentlich kennt diese Erfahrung nicht? Genau hier aber setzt das für mich Entscheidende der Wirksamkeit Hoseas ein: sein Wort für die gänzlich Hoffnungslosen, für die an Gott und an der Welt und an sich selbst Verzweifelten.

Wir wenden uns Hosea 11 zu und setzen bei V. 8 ein. So spricht der Herr: »Wie soll ich dich preisgeben, Ephraim? Wie soll ich dich ausliefern, Israel? Wie kann ich dich preisgeben gleich Adma, dich wie Zeboim behandeln?« (d. h. dich total vernichten wie Sodom und Gomorra). Mit diesen Fragen endet eine große Anklagerede in 11, 1–7. Da prozessiert Jahwe als Vater mit Israel als seinem Sohn. Dessen ganzes Vorleben zeigt eine harte Widerspenstigkeit. Die Schuld ist doppelt schwer. Denn in jeder Phase war sie böse Reaktion auf eine gute Aktion des Vaters. Zum andern ist die Kette der aufsässigen Handlungen lückenlos. Am Ende der langen Geschichte von Erweisen der Liebe und der Strenge Gottes heißt es: »Sie weigern sich umzukehren« (V. 5b) und: »Mein Volk hält fest am Abfall von mir« (V. 7a). Nach dem Gesetz über den störrischen Sohn (Deuteronomium 21, 21) käme hier nur die Todesstrafe in Betracht. Genau an dieser Stelle aber setzt nun (in V. 8) Gottes Ringen mit sich selbst ein: »Wie soll ich dich preisgeben? – – ich dich fahren lassen?« Das Vaterherz schreit auf, das zwischen Gesetz und Liebe verblutet. Liebe hat von Anfang Jahwes Weg mit seinem Sohn bestimmt. »Als Israel ein kleiner Junge war, gewann ich ihn lieb . . . Ich zog ihn mit Gurten der Liebe« (V. 1.4). Aber Abkehr war die Antwort. Was nun? Was gilt nach der verweigerten Umkehr am Ende? Aus den Fragen des Vaters hören wir eine Selbstverwarnung heraus. »Wie kann ich dich preisgeben? Wie könnte ich die Liebe fahren lassen?« An dieser Stelle müßte nach der Anklage eigentlich die Strafankündigung stehen. Statt dessen verwarnt der Vater sich selbst. Er fährt fort: »Nicht vollstrecke ich meinen glühenden Zorn. Nicht will ich Ephraim wieder verderben.« (V. 9a). Jahwe hatte auch schon das Schwert in Israels Städten kreisen lassen (V. 6a), als Erzieher, in der Hoffnung auf Umkehr. Jetzt entscheidet der Vater als Richter, daß am Ende nach aller vergeblichen Pädagogik die Liebe regiert. In diesem Selbstentscheid Gottes ist nun die Zukunft der Hörer begründet, nicht in der schlechten Entscheidung des Menschen zwischen Umkehr und Abkehr. Auch das Nebeneinander von Zorn und Liebe Gottes hat ein Ende. V. 8b sagt ausdrücklich: »Mein Herz kehrt sich gegen mich, meine Reue entbrennt mit Macht.« Die Umkehr, die der Mensch versagte, vollzieht Gott in sich. Der hebräische Ausdruck erinnert sogar an den vernichtenden »Umsturz«, mit dem das Gericht über Sodom und Gomorra (Genesis 19, 25, und entsprechend über Adma und Zeboim Deuteronomium 29, 22) vollstreckt wurde. Dieses Gericht findet gleichsam in Gott selbst statt. Er stürzt seinen eigenen Zorn in den Untergang. (Es bedarf unmöglicher Anstrengungen, hier nicht an das Kreuz Christi als Besiegelung dieser Hosea-Botschaft zu denken. Davon leben wir alle.) Der Parallelsatz zu dem vom Umsturz sagt in V. 8b: »Meine Liebesleidenschaft entbrennt mit Macht.« Sie erregt und beherrscht ihn. Sie läßt reuevoll alle Strafaktionen hinter sich. Hier ist das Stichwort Leidenschaft nicht zu entbehren.

Solche Leidenschaft mutet sehr menschlich an, vor allem der Widerstreit von Zorn und Liebe, von Gesetzesgerechtigkeit und Freispruch. Aber eben diese Menschlichkeit im Sieg der Liebe gründet exakt in seiner Göttlichkeit. Der Textzusammenhang bringt auch dies noch zum Ausdruck, gerade als Begründung zum Strafverzicht in V. 9b: »Denn Gott bin ich und nicht ein Mensch, der Heilige (d. h. der ganz Andere) in deiner Mitte; ich gerate nicht in Wut.« Eben indem Gott sich selbst infragestellt, eben indem er seinen Zorn umstürzt und nicht den schuldigen Sohn, bleibt er sich selbst treu, gibt er der Liebe das letzte Wort.

In 14, 5 wird dieser erstaunliche Vorgang von Hosea 11 auf den genauen Begriff gebracht: »Liebe aus Freiwilligkeit«. Hosea geht hier vom Bild des Vaters und des Richters (ganz bezeichnend!) zum Bild des Arztes über: »Ich heile ihre Abtrünnigkeit. Ich liebe sie aus freiem Antrieb.« Die Abtrünnigkeit, von der der störrische Sohn sich nicht mehr abwenden wollte und konnte, wird nun wie eine schwere Krankheit behandelt und geheilt. Erstaunlich! Schuld wird als Krankheit behandelt. Das wirkt die göttliche Liebe aus freien Stücken. Die Arznei der Liebe geht allein aus Gottes eigenem Willen hervor. Sie setzt die Umkehr des Menschen eben nicht voraus. Diese Liebe gilt vielmehr gerade der gefesselten Unfähigkeit zur Umkehr, die Hosea in 5, 4 und 7, 2 diagnostizierte. So verkündet Hosea den Arzt derer, die in sich selbst hoffnungslos sind.

Doch deren Umzingelung von Bosheit und deren Unfähigkeit zur Besserung wird nun schon hineingenommen in einen Frühling der Liebe und der Hoffnung. Das bringt Hosea nach 14, 5 in 14, 6–8 in einem hinreißend schönen Stück mit ungewöhnlichen Bildern zum Leuchten. Da ist nämlich – auf das zärtlichste – eine Fülle von Motiven aus Liebesliedern vereint. Wir kennen sie sonst nur aus dem Hohenlied und aus Ägypten. Sie gehören wohl zur Therapie dieses Arztes. V. 6: »Ich will für Israel wie Tau sein, es soll blühen wie eine Lilie«; im Hohenlied ist die Lilie siebenmal das Bild der Geliebten (2, 1.16 u. ö.). Auch der »Duft aus dem Libanonwald« und der Vergleich mit dem »Wein« (V. 6 und 8) gehören ins Liebeslied. »Deine Liebe duftet köstlicher als Wein«, singt Hoheslied 4, 10. Und wenn es Hosea 14, 8 heißt: »Sie sollen wieder in meinem Schatten sitzen«, dann will eben dieser Ausdruck auch vom Liebeslied her gehört sein; denn nach Hoheslied 2, 3 ist der schönste Platz der Welt, »zu sitzen im Schatten meines Geliebten«. So findet das Leitwort von der »freiwilligen Liebe« in 14, 5 eine für die zeitgenössischen Ohren – eben für die Unbekehrbaren – äußerst erquickliche, beglückende Entfaltung. Noch einmal tritt die Sprache des Propheten in den Dienst der glühenden Leidenschaft seines Gottes. Sie schafft ein ganz neues Lebensgefühl. Sie bewirkt, daß die Hörer eintreten in das Klima und die Atmosphäre, ja in den Duft gesunden Lebens, eben der innigen Liebe, mit aller Sinnenfrische und Kraft, mit Tau und Blumen, mit Wein und mit Zedernduft vom Libanon.

Müssen wir am Schluß noch darauf hinweisen, daß dieser Gott, der um die Seinen ringt, ein ganz anderer ist als der Gott der Philosophen, als der unbewegte Beweger und die prima causa, aber auch ein ganz anderer als der Gesetzesvollstrecker bei manchen späteren Juden und Calvinisten, soweit sie weder Hosea noch den Briefen des Paulus folgten? An Hoseas Wiedergewinnung der Ehebrecherin (in 3, 1) und an dem Urteil über den unverbesserlich störrischen Sohn (in 11, 8 f.) haben wir erkannt, daß bei diesem Gott geschieht, »was nach dem Gesetz unmöglich ist« (Deuteronomium 21, 18 ff.; 24, 1 ff.): der störrische Sohn und die treulose Frau erfahren die ganz neue, bedingungslose und endgültige Liebe und sitzen im Schatten des Geliebten. Nur sie? Hoseas Prophetie weist in die Richtung paulinischer Erkenntnisse: »Was dem Gesetz unmöglich war, das tat Gott« (Römer 8, 3). So anachronistisch es klingen mag, es ist wahr: bei Hosea lernen wir kennen, was Jesus Christus für uns bedeutet. In ihm vollzog der leidende Gott die Umkehr, die seine Menschen versagten; in ihm nahm er das Gericht auf sich, statt es an ihnen zu vollstrecken; in ihm siegte die Liebe über den Zorn; der Unverbesserliche ist vom Heil umfangen.

Möchte uns alle ein Anhauch dieser Leidenschaft bewegen in unserer gefährdeten Welt. Gefährdet bleibt sie allein durch das Versagen der Umkehr zur ersten Liebe. Bitten wir um den Atem des Geistes, so muß ganz klar bleiben, daß Gottes Leidenschaft eindeutig auf Mitleiden und auf unverdiente Liebe aus ist. Und noch ein therapeutischer Hinweis, für Christen, für Juden wie für Hoffnungslose: nur wenn wir uns der fortdauernden Einwirkung des prophetischen und apostolischen Wortes aussetzen, gewinnen wir – auch bei allen Widrigkeiten

– den schönsten Platz der Welt, »im Schatten des Geliebten zu sitzen«.

»Feiert, daß keiner von euch ist verloren! –
Zur Auferstehung seid ihr geboren.«

Das demaskierende Wort

Micha und die frommen Führungskreise

Prophetie ist wesentlich ein Amt der Enthüllung. Die großen Propheten Israels lüften nicht nur den Schleier des Künftigen, um trügerische Erwartungen zu zerstören; sie entlarven zugleich das Verhalten ihrer Zeitgenossen, und zwar so, daß sie die heimlichen Antriebe und versteckten Absichten ihres Handelns aufdecken. Propheten reißen Masken herunter und geben das wahre Gesicht der Leute zu erkennen. Unter ihnen ist Micha einer der großen, der Tarnungen durchschaut. Zwei Gruppen in der Bevölkerung sieht er am intensivsten mit der Kunst der Maskierung beschäftigt: die Machthaber und die öffentlichen Vertreter der Frömmigkeit.
Bei Micha können wir die ebenso dringliche wie schwierige Aufgabe der Demaskierung lernen. Sie gehört zu den unentbehrlichen Pflichten der Kirche, ihrer Amtsträger und ihrer Glieder. Micha kann uns besonders die Augen öffnen gegenüber denen, die Macht anstreben und Macht besitzen, in dem begrenzten Feld, das ein einzelner überblicken kann. Doch das ist nur die Hälfte der Aufgabe, und zwar die zweite Hälfte. Wir werden sehen, daß Micha Demaskierung zuerst und besonders intensiv gegenüber den religiösen Instanzen übt. So muß auch die Kirche zuerst Michas Dienst an sich selbst vollstrecken lassen. An den Tag soll kommen, was sich hinter sakralen Mauern, hinter geistlichen Gewändern und frommen Mienen verbirgt. Christen werden als Glieder am Leibe Christi zuerst den Kampf gegen die eigene Heuchelei zu kämpfen haben. Diesen Kampf will Micha mit uns einüben; nur so können wir ihn zum besten unserer Umwelt auch weitertragen. Damit wir Micha besser verstehen, will ich zwei Vorfragen klären.

1. Welche Funktion hatte Micha in seiner Umwelt? Wir gehen von einer negativen Feststellung aus. In den schriftlichen Überlieferungen wird er seltsamerweise nirgendwo »Prophet« genannt. Der Name Micha, eine Kurzform von Michael oder Michaja, ist einer der häufigsten Personennamen. Seit den italienischen Ausgrabungen der alten nordsyrischen Königsstadt Ebla (tell mardikh südwestlich von Aleppo) in den letzten sieben Jahren wissen wir, daß er bis heute durch fast fünf Jahrtausende im lebendigen Gebrauch war. Unser Micha nun wurde von vielen anderen Trägern dieses Namens unterschieden durch Angabe seines Heimatortes: »Micha von Moreschet«. So heißt er in der Überschrift des Michabuches in 1, 1, so führen ihn aber auch hundert Jahre später die »Ältesten des Landes« in Jeremia 26, 17 ff. an. Dort zitieren sie sein Wort vom Untergang Jerusalems, um Jeremia zu entlasten, der wegen einer ähnlichen Drohung zum Tode verurteilt werden sollte. Als »Micha von Moreschet« ist und bleibt er also unter den Ältesten von Juda bekannt. Es spricht manches dafür, daß er selbst zu diesem Kreis der Ältesten von Juda gehörte, als Repräsentant seiner Heimatstadt in der Residenzstadt Jerusalem.

Daheim mag er als Ältester von Moreschet zur Runde derer gehört haben, die im Stadttor bei Streitfällen, bei Vergehen und Verbrechen das Recht zu vertreten haben. In der wichtigsten Aussage über sich selbst (3, 8) beschreibt er denn auch seine Lebensaufgabe so: »Ich, ich bin erfüllt mit Vollmacht, Recht und Tapferkeit, Jakob seine Aufsässigkeit vorzuhalten und Israel seine Verirrung.« Seine Vollmacht und seine Unerschrockenheit dienen also dem »Recht«. Damit steht er in direkter Konkurrenz zu jenen Amtsträgern in Jerusalem, von denen er in 3, 1 und 9 erklärt, ihre Pflicht sei es, das »Recht« zu fördern. Die Basis von Michas prophetischem Amt scheint also in jenem Rechtsbewußtsein zu liegen, das zu seinen Pflichten als Ältesten von Moreschet gehörte. Jedenfalls will er in dieser Sache keine charismatische Sonderstellung einnehmen. Andere sollten ebenso auf das Recht bedacht sein. Insofern kommt Micha exemplarische Bedeutung zu, als einem unbestechlichen Anwalt des Rechts und einem Fürsprecher aller, die Unrecht leiden.

2. Was bedeutet seine Zuordnung zu Moreschet? Moreschet lag im judäischen Hügelland, etwa 35 km südwestlich von Jerusalem, etwa 400 m über der Küstenebene zum Mittelmeer. Im Umkreis von 10 km gab es fünf Orte, die als Festungen ausgebaut waren gegen Feinde, die das judäische Bergland und Jerusalem von der Küstenebene her bedrohten. Diese Orte waren in Michas Tagen von Soldaten, Offizieren und Verwaltungsbeamten besetzt; sie standen in Verbindung mit dem Oberkommando in Jerusalem. Für regen Verkehr zwischen Jerusalem und dem Gebiet um Moreschet fanden die Archäologen Belege in zahlreichen Keramik-Scherben, die von Vorratskrügen für Getreide, Oliven und andere Lebensmittel stammen und den Königsstempel (lmlk) tragen; als »Eigentum des Königs« weisen sie auf die militärische Zentralverwaltung Judas. Auch in Moreschet selbst (tell ed-ǧudēde) fanden sich viele solcher Königsstempel auf Krughenkeln. Manche Aussagen Michas werden besser verständlich, wenn wir die Machthaber, die er angreift, unter den Offizieren und Beamten dieser Besatzungstruppen suchen. Er setzt sich oft für seine Landsleute ein, die er »mein Volk« nennt, für das er sich wohl als Ältester speziell verantwortlich fühlt. Er verteidigt Frauen und Kinder »seines Volkes« gegen die, die Häuser und Grundstücke konfiszieren (2, 8 f.), oder »sein Volk« in Jerusalem, wobei an die dort zur Zwangsarbeit verpflichteten Männer und Väter zu denken ist (3, 3). Vielleicht hat sie die Militärverwaltung dorthin vermittelt.

Ungefähr so werden wir uns die Situation vorzustellen haben, in der Micha Masken herunterreißt. Er nennt immer konkrete Vorgänge. Sie leiten nicht zu allgemeinen Theorien an, wohl aber zum Aufspüren ähnlicher Vorkommnisse. Wir finden in Micha 2–3 vier Modellfälle von Demaskierung, zwei größere und zwei kleinere, davon einen wahrscheinlich aus Moreschet und drei sicher aus Jerusalem.

Was geht im ersten Falle vor? Die zugehörigen Streitreden sind in 2, 1–11 festgehalten. Es beginnt mit Anklagen und Drohungen gegen jene Gewalthaber, die Häuser und Grundstücke an sich reißen und Männer und Söhne zur Zwangsarbeit verschleppen. Micha setzt mit einem »Wehe!« ein. Das war nicht irgendein Schreckensruf, sondern speziell der Ruf der Totenklage in Israel. Damit gellt den Angeklagten gleichsam schon das vollstreckte Todesurteil in die Ohren (2, 1 f.): »Wehe denen, die Unrecht und Untaten planen auf ihren Lagern! Beim Morgenlicht führen sie's aus. Denn es steht in der Macht ihrer Hand. Sie begehren Felder und rauben sie, Häuser und nehmen sie. Sie unterdrücken einen Mann und sein Haus, einen Menschen und seinen Erbbesitz.« Micha nimmt ein Grundgebot des Gottesrechts auf (Levitikus 19, 13): »Du sollst deinen Nächsten nicht bedrücken noch berauben!« Als Ursache der Gewalttätigkeiten gegen Personen und Sachen nennt er das »Begehren«, das im Dekalog als einziges Fehlverhalten gleich zweimal abgewehrt wird (Exodus 20, 17a.b). Micha verfolgt das Begehren zurück bis in die Träumereien in schlaflosen Nächten, die sich schnell zu Wünschen und Plänen verdichten. Er kennt die Gefahr der Anfänge in der Psyche. (Welchen Gedanken gewähre ich Raum?) Die Pläne der Angesprochenen sind gefährlich, weil die Planer die Macht zur Durchführung haben. Je mehr Macht einer gewinnt, desto mehr muß er sein Planen unter Kontrolle halten, oder –: desto mehr bedarf er eines wachsamen Propheten. Da muß sich ein Offizier auf längeres Verbleiben in der Garnison einrichten. Schnell keimen die Pläne, ein Haus für sich räumen zu lassen und dessen Bewohner zur Zwangsarbeit zu verpflichten. Micha schleudert sofort des Herrn Plan gegen den Menschenplan (V. 3): »Darum hat so der Herr gesprochen: Seht, ich plane Unheil!« Des Menschen böser Plan ist schon umzingelt von Gottes umfassenden Plan. Micha wird genauer: »Ihr werdet eure Hälse nicht herausziehen (aus dem Joch) und nicht mehr aufrecht gehen können.« Statt dessen legt ihnen Micha ein Lied der Untergangsklage in den Mund (V. 4): »Völlig ruiniert sind wir, unsere Felder verteilt man.« Ausbeutung und

Vertreibung bedrohen die, die andere ausgebeutet und vertrieben haben. Sie fallen hinein in die Grube, die sie für andere gegraben haben.
Alsbald regt sich die Empörung der Angegriffenen. Sie reagieren scharf mit zweimal drei kurzen Sätzen. Die ersten drei (V. 6) nehmen die Pose des geistlichen Aufsichtsbeamten an, mit drei Negationen: »Predigt nicht!, predigen sie; über so etwas soll man nicht predigen! Der Schimpf trifft uns nicht.« Die mit den kleinen Bauern fertig werden, meinen allemal mit dem Propheten und seinem Anhang fertig werden zu können. Wie kann man ihnen, die mit Jerusalemer Vollmachten ausgestattet sind, ihre nächtlichen Überlegungen und ihre militärischen Maßnahmen vorhalten? Wie kann man ihnen den aufrechten Gang absprechen und die Vertreibung aus dem Lande androhen? Immobilienprobleme und Arbeitsverpflichtungen sind kein Predigtthema. Das ist die Maske der geistlichen Aufsichtsbeamten.
Mit den nächsten drei Sätzen spielen sie die Rolle der Hüter des wahren Glaubens (V. 7a). Es sind Fragesätze, wie zum Verhör formuliert: »Ist denn das Haus Jakob verflucht? Ist der Herr etwa ungeduldig? Sind derart seine Taten?« Prall voll Glaubenszuversicht strahlt diese Maske. An Psalmen wird erinnert: »Geduldig und von großer Güte ist Er.« Gottes Taten nach dem Credo werden beschworen: aus Ägypten heraus, durch die Wüste hindurch, in dies gelobte Land hinein, – das sind die verbürgten Taten Gottes. Wie kann Micha Vertreibung aus dem Lande androhen? Man ist des Segens gewiß. Haben sie nicht recht? Spricht die große Glaubenstradition nicht entschieden für sie?
Micha entgegnet ruhig und bestimmt: »Ja, auch meine Worte meinen es gut mit dem, der aufrichtig lebt« (V. 7b). Micha will Gottes Güte keinesfalls verkleinern. Sie gilt dem, der sein ganzes Leben dadurch aufrichten und befreien läßt. »Aber«, so fährt er fort (V. 8a), »ihr seid gegen mein Volk wie ein Feind aufgetreten.« Ihrem eigenen brutalen Vorgehen verdanken sie ihre Gewinne, nicht in Wahrheit der Güte Gottes. Die deklamierte Heilssicherheit scheint fromm, ist aber pure

Selbstsucht. Eben sie selbst reduzieren die Gaben Gottes. Für sich selbst nehmen sie Ländereien angeblich als Gabe Gottes an, aber dem kleinen Bauern rauben sie sie.

Jetzt deckt Micha das wahre Gesicht der Gewalthaber auf und hält ihnen vier Fälle vor, die seine Anklage auf Gewalt gegen Personen und Sachen (V. 2!) genau belegen. Micha wird ganz deutlich. Fall 1 (V. 8): Friedliche Fußgänger werden ihrer Kleider beraubt. Überfälle plündernder Soldaten aus einer der Garnisonen sind anscheinend bekannt. Fall 2 (V. 9a): Frauen werden aus ihren Häusern vertrieben. Vielleicht sind es vereinsamte Ehefrauen der zur Zwangsarbeit verschleppten Männer. Sie werden »vertrieben« wie von einer feindlichen Besatzungsmacht. Fall 3 (V. 9b): Selbst Kinder werden ein Raub der Habgier. Der alte Text denkt vielleicht an die Schlafkammer, die ihnen mit dem Haus der Mutter geraubt wird. Fall 4 (V. 10): Die Angeklagten übersteigern das Pfandrecht. Wegen einer Lappalie mutet man kleinen Leuten schwerste Belastungen zu, vielleicht Schuldsklaverei, jedenfalls Kränkendes und Schmerzendes. Auffällig zart ist Michas Mitgefühl: der Frau ist das behagliche Heim genommen, dem Kind die Geborgenheit. Seinem Mitleid mit den Geschädigten entspricht sein hartes Urteil über die Herzlosigkeit der Machthaber.

Nach den genannten Vorfällen kann Micha den Heuchlern die Fragen zurückgeben: »Ist denn Jakobs Haus verflucht? Ist Jahwe nicht geduldig? Sind derart seine Taten?« So demaskiert Micha die angeblichen Hüter des wahren Glaubens. Es geschieht nicht im monologischen Vortrag, sondern im Dialog, ja, im heftigen Streitgespräch, in argumentativer Verteidigung des Auftrags und in konkreter Abwehr der Einsprüche. Ohne den Disput ist der Durchbruch durch die Heuchelzone kaum möglich.

Das Streitgespräch geht nicht zu Ende, ohne daß Micha mit galligem Humor ein Kontrastbild zeichnet zu dem Prophetenamt, zu dem er selbst sich gerufen weiß (V. 11): »Wenn einer mit (einem Mund voll) Wind daherkäme und Trug lügen würde: ›Ich predige dir von Wein und Whisky‹ – das wäre ein Prediger für dieses Volk.« Dieses Wunschbild eines Starpredigers zeigt das wahre, ungeschminkte Gesicht seiner Gegner. Die eigentliche Motivation ihres Handelns ist nichts als der private Genuß. Der Prophet nach ihrem Herzen kann ungestört haltlose Nichtigkeiten predigen und leere Worte machen, er darf sogar offenbar Verkehrtes und frei Erfundenes interessant machen, wenn er nur nicht wie Micha das konkrete Verhalten seiner Hörer am klaren Gebot Gottes mißt und an Hand von erwiesenen Fakten das Unrecht beim Namen nennt, wenn er nur nicht den Bedrängten die Gaben Gottes zukommen läßt, die die Machthaber ihnen entzogen. Wenn er aber einmal statt nur Worte zu machen Sachen redet, dann soll er bitte von Wein und Whisky predigen, dem Lieblingsthema der Offiziere, der Beamten und Soldaten. Sie werden auch noch die Alkoholika für jeden Geschmack in ihrem Credo unterbringen als Gaben des Landes zum Unterpfand ihrer Heilssicherheit, d. h. ungetarnt: zu genießerischer Selbstbefriedigung.

Dieses erste Modell hat uns das Credo im Mißbrauch als Maske vor dem wahren Gesicht der Genußsucht gezeigt. Da rechnet der Mensch mit Gottes Geduld für sich selbst und behandelt zugleich seinen Nächsten wie ein gieriger Feind. Da weiß einer um Gottes rettende Taten und stürzt zugleich Wehrlose in großes Unglück. Da stellt einer den Fluch für sich in Frage und behandelt zugleich seinen Mitmenschen wie einen Verfluchten. So etwas enthüllt Micha.

Das zweite Bild ist kurz und spielt in Jerusalem (3, 1–4). Hier spricht Micha die an, die für die Rechtssprechung in Jerusalem verantwortlich sind. Es ist ihre »Verantwortung, das Recht zu fördern«. Aber Micha muß sie anklagen, daß sie »hassen, was gut ist, und lieben, was böse ist«. Die Amtspflichten und das praktische Verhalten stehen in schrillem Gegensatz zueinander. Micha stellt das mit einer Derbheit dar, die wir bei keinem anderen Propheten finden. Beachten Sie, wie er in seinen Metaphern das blutige Geschäft des Schlächters mit der Gier des Genießers kombiniert (3, 2 f.): »Sie fressen das Fleisch meines

Volkes und zerbrechen ihm die Knochen. Sie zerstückeln sie wie Fleisch in den Kochtopf, wie den Braten hinein in die Pfanne.« So deckt Micha die Grimassen auf, die zugleich von Genußsucht und von Brutalität gezeichnet sind. Menschen werden wie Schlachtvieh behandelt. Die für Recht sorgen sollten, genießen auf Kosten von Mißhandelten. Ein unerhörter Wohlstandskannibalismus macht sich in Jerusalem breit.
»Und dann – schreien sie zu Jahwe«, fährt Micha fort (V. 4). Setzen auch sie damit die Maske der Frömmigkeit auf, um die Blut- und Fettspuren zu verdecken? Oder geraten sie selbst in Nöte, in denen sie nicht mehr aus noch ein wissen? In jedem Falle: »Der Herr wird sie nicht erhören. Er wird sein Antlitz vor ihnen verbergen, weil ihre Taten böse sind.« Sie erfahren am eigenen Leibe, was Sprüche 21, 13 steht: »Wer seine Ohren verstopft vor dem Schreien des Armen, der wird auch einst rufen und nicht erhört werden.« So stellt sich dem damaligen Hörer Michas, aber auch dem heutigen die Frage: Entspricht die Not, die wir zu erleiden haben, vielleicht genau der Not, die wir über andere brachten, – nämlich die Not, ohne Erhörung zu bleiben?

Auch die dritte Szene ist kürzer. Jetzt treten Berufspropheten auf den Plan (3, 5). Sie sind anderer Art als der Mann von Moreschet. Aus V. 11 geht hervor, daß sie wie die Priester am Jerusalemer Tempel beamtet sind. So kommt jetzt nach den militärischen Machthabern und den Richtern ein geistlicher Stand ins Feuer der Kritik. Micha nennt diese Propheten sofort »Verführer«. Entweder setzen sie die Leute auf falsche Fährten oder sie versetzen sie in einen Rauschzustand, in dem sie torkeln und gar nicht mehr geradeaus auf ein Ziel zugehen können. Warum sind sie Verführer geworden? Micha bestreitet ihnen nicht, daß sie bisher auf wichtige Fragen Antworten Gottes erwartet und auch erhalten haben. Aber er wirft ihnen vor, daß die Auskünfte, die sie erteilen, nicht der erkannten Weisung des Herrn entsprechen. Er sagt: »Wenn sie mit ihren Zähnen etwas zu beißen haben, rufen sie Heil. Aber wenn

einer nicht gibt, was sie wünschen, dann eröffnen sie Streit mit ihm.« Ihr verkündetes Wort richtet sich also nicht nach dem, was sie als Gottes Willen erkannt haben, sondern nach der jeweiligen Einstellung ihrer Hörer, praktisch also nach den Sonderhonoraren, die ihnen zugesteckt werden. Diese Diskrepanz zwischen Wortempfang und Wortverkündigung macht sie zu Verführern. Was aus ihrem Munde hervorgeht, hängt von dem ab, was die Hörer hineinstecken. Geld spricht für sie lauter als Gott. Der genüßlich schmausende Prophet deklamiert mit vollem Munde das Heilsorakel für seinen geschätzten Gastgeber; doch wer den prophetischen Privatwünschen gegenüber spröde ist, der erlebt pathetische Drohung (vgl. GQuell). Kriterium der prophetischen Auskünfte ist also das eigene Interesse des Propheten, sein privater Nutzen. So heißt es dann später in den Klageliedern (2, 14) nach Jerusalems Untergang: »Deine Propheten schauten dir Lug und Trug. Sie deckten deine Schuld nicht auf, um deine Umkehr einzuleiten. Sie schauten dir Täuschung, nur falsch und verführerisch.« Wer immer ein Amt der Verkündigung wahrnimmt oder anstrebt, kann solcher Gefahr nicht klar genug ins Auge sehen. Wie leicht verschweigt der Prediger etwas Wesentliches aus Furcht vor seinen Hörern oder aus falscher Liebe zu ihnen. Wie leicht betont er etwas zu stark und stellt anderes aus eigenem Interesse zurück! Nur die ehrliche Bindung an das vernommene Wort der ersten Zeugen gibt volle Freiheit; diese Bindung macht unabhängig von zeitgenössischen Drohungen und Versprechungen, weist einen gangbaren Weg in die Zukunft und ist so auch ein wahrhaftiger Liebesdienst an den Hörern.
Womit droht nun Micha denen, die das Wort willkürlich ummodeln? (V. 6 ff.) »Nacht wird es für euch, ohne Schauung, Finsternis kommt über euch, ohne Wahrsagung. Die Sonne geht unter über den Propheten, schwarz wird der Tag über ihnen. Dann werden die Seher in Schande geraten und die Wahrsager kleinlaut werden. Sie alle verhüllen ihren Bart. Denn es gibt keine Antwort von Gott.« Die also eine Zeitlang Gottes Wort hören konnten, werden es nicht mehr verneh-

men. Wer das Wort verfälscht, dem wird das Wort entzogen. Er schlägt die Schrift auf, aber sie sagt ihm nichts mehr. Das ist eine harte, aber klare Wahrheit. Die Kirche Christi und jeder, der ihr dienen will, muß sie sich ebenso sagen lassen wie einst die beamteten Propheten Israels. Wer sich nicht mehr am Wort des Herrn orientiert, wird selbst orientierungsunfähig. Kleinlaut und schüchtern verhüllen sie ihren Oberlippenbart, denn sie haben nichts mehr zu sagen. Die sich zu Konjunkturforschern gemacht haben, forschen nach Gottes Willen vergeblich. »Sie erhalten keine Antwort von Gott.« Hier vernehmen wir, warum Gott ein stummer Gott wird. Immer da geschieht es, wo sein Wort in Willkür umgestaltet wird.

Nun folgt noch eine höchst gewichtige Schlußszene (3, 9–12). In ihr finden wir Priester und Richter zusammen mit den Propheten. Hier stellt Micha die Masken einerseits und das wahre Gesicht andererseits schärfer denn je zuvor gegenüber. Das Wort gipfelt in der härtesten Drohung gegen Jerusalem, die die Bibel überhaupt kennt. So sollten wir dieses Exempel geschichtlicher Wegstationen des Gottesvolkes nicht nur für Israel, sondern mehr noch für die Christenheit und alle Mitverantwortlichen als Anstoß zur Selbstprüfung annehmen in Sachen Heuchelei und Aufrichtigkeit.
Micha spricht die Verantwortlichen Jerusalems jetzt sofort auf ihr gebrochenes Verhältnis zum Recht an (V. 9b): »Ihr Häupter Jakobs ..., die ihr das Recht verabscheut und alles Gerade verdreht.« Wie anderen Schmutz und Unrat widerlich ist, so ist ihnen die Rechtsordnung höchst zuwider. Abscheu empfinden sie gegenüber dem Recht. Warum? Weil es ihrer Willkür gegenüber ihren Mitmenschen im Wege steht. Gewisse christliche Kreise könnten die alttestamentliche Erinnerung nötig haben, daß es unverzichtbar ist, auf die gute Rechtsordnung zu achten, wenn sie nämlich verächtlich als Gesetz mit Hinweis auf das Evangelium überspielt wird. Wenn mit schönen Worten Freiwilligkeit propagiert, in der Sache aber leich-

ter Zwang praktiziert wird, dann vollzieht sich in verfeinerter Form jene Rechtsverdrehung, die Micha anprangert. »Sie verdrehen, was recht ist.« Jesaja sagt von solchen Verdrehungskünstlern (5, 20): »Sie machen aus Licht Finsternis und aus Finsternis Licht, aus Bitterem Süßes und aus Süßem Bitteres.« Hohe Wachsamkeit ist geboten, daß nicht eine bestimmte Interpretation des Rechts zur Vergiftung des Rechts führt, vor allem zu Lasten der Abhängigen.
Micha nennt im folgenden drei Belege flagranter Rechtsverdrehung.
1. Sie wollen ein stolzes und sicheres Zion bauen und mißhandeln dabei Menschen bis aufs Blut. (V. 10:) »Sie bauen Zion mit Blut und Jerusalem mit Unrecht.« Unter dem König Hiskija erreichte die Bautätigkeit gegen Ende des 8. Jahrhunderts ungewöhnliche Ausmaße. Befestigungen und öffentliche Gebäude schossen neben Wohnhäusern wie Pilze aus dem Boden (2 Chr 32, 27 f.). Der Durchbruch des Siloah-Tunnels, der das Wasser der Gichon-Quelle ins Stadtinnere leitete, war eine technische Spitzenleistung: 512 m lang wurde er durch den Felsen gehauen, ca. 60 cm breit und ½ bis 3 m hoch. Micha nennt die Kehrseite solcher Aktivitäten: die technischen Großtaten wurden mit Blut und Bosheit erkauft. Er denkt dabei nicht nur an unvermeidbare Bauunfälle mit tödlichem Ausgang, sondern auch an schwerste, blutige Mißhandlungen durch Aufseher und vielleicht an Todesurteile. Das Bild vom Schlächter aus V. 2–3, der Knochen zerbricht, wird auf böse Erfahrungen in den Arbeitskolonnen zurückgehen. Micha stieß vielleicht auf Leute aus seiner Heimat bei harter Zwangsarbeit, wenn er 3, 3 formuliert: »Sie fressen das Fleisch meines Volkes.« Hier sagt er: »Sie bauen Zion mit Blut.« Jesaja hatte gesagt: »Zion hat der Herr gegründet, und da sollen die Elenden seines Volkes Zuflucht finden« (14, 32). Aber jetzt wird dort das Recht und das Leben der Elenden mit Füßen getreten. Es wird dem Stolz der Elite, der militärischen Sicherheit und dem Fortschritt der höheren Wohnkultur geopfert. Die Alternative ist klar: Stolz und Sicherheit der Großen oder Lebensrecht der Kleinen. So kompliziert die Pro-

bleme damals und heute im einzelnen liegen, die Parteinahme des Propheten ist eindeutig. Wer in seiner Spur bleiben will, wird inmitten alles Machbaren sorgsam auf die menschlichen Nöte achtgeben müssen, die zu allen Zeiten gerade bei den laut gerühmten Vorhaben entstehen.

2. Klarer noch wird Michas Entscheidung durch den zweiten Fall von Rechtsverletzung, den er aufspießt: Korruption und Bestechung. Er scheint, was die Schuld der Angeklagten betrifft, fast noch schwerer zu wiegen als der erste, ist er doch die Ursache der Rechtsverdrehung (V. 11a): »Ihre Häupter entscheiden nach Bestechung, ihre Priester lehren um Lohn, ihre Propheten wahrsagen für Geld.« Im Zusammenhang hat Micha wohl die Gequälten vor Augen, die der Rechtlosigkeit ausgeliefert sind. Sie rennen von einer Instanz zur anderen, vom Richter zum Priester, vom Priester zum Propheten, aber nirgendwo finden sie Beistand. Denn überall fordert man Geld. Geld! Geld! Es stinkt gen Himmel. Drei Worte für Geld bringt Michas Spruch. Bei den Richtern heißt es das »Bestechungsgeschenk«; es wird im Gewandbausch heimlich zugesteckt (vgl. Sprüche 17, 23: »Bestechung nimmt der Frevler an aus dem Gewandbausch, zu beugen die Pfade des Rechts.«). »Wer Bestechung gibt, findet immer ›Verständnis‹«, heißt es ironisch in Sprüche 17, 8. Das Wort, das Micha bei den Priestern braucht, meint den Gegenwert, den Kaufpreis. Auch die Beratung des Priesters ist also käuflich geworden. Vom Propheten wissen wir schon Ähnliches: hier erwartet er schlicht Bargeld (Silber). Erschütternd ist die Breite der Bestechlichkeit in allen Bereichen der Führungskreise Jerusalems. Die Faszination des Wohlstands hat alle Rechtsregeln und Berufspflichten pervertiert. Es gilt nur die Moral des guten Geschäfts. Hier liegt die Ursache, daß das Lebensrecht der Bedrängten äußerst gefährdet ist. Mit dem dreimaligen Hinweis auf die Geldgier enthüllt Micha das wahre Gesicht der Brutalität und der Genußsucht. Peinlicher als zuvor zeigt sie das Leitmotiv des eigenen Interesses. Genau hier sollten wir nicht zum Fenster hinaus denken oder reden oder hören. Der rechte Umgang mit dem Geld kann von keinem selbstkritisch genug eingeübt werden. In

unserer Zeit sollte an diesem Punkt die Selbstkontrolle der Kirche und der Christen verschärft einsetzen. Micha zeigt uns die unheimliche Nähe der Rechtsverdrehung beim Geldempfang und bei der Geldausgabe.

3. Noch schlimmer als das wahre Gesicht, das die Geldgier zeigt, ist die Maske, die sich Richter, Priester und Propheten bei alledem aufsetzen: die Maske einer unerschütterlichen Frömmigkeit. Das ist der Gipfel: sie meinen Geld, sie sagen aber »Gott«. Wohl spricht Geld lauter als Gott, aber mit »Gott« tarnen sie ihr Geschäft. Denn so fährt Micha fort (V. 11b): »Dabei stützen sie sich auf Jahwe und sagen: Ist nicht der Herr in unserer Mitte? Unheil kommt nicht über uns.« Damit wehren sie auch die Androhung des Unheils durch Micha ab. Sie halten sich für immun. »Sich auf den Herrn stützen«, – das ist Ausdruck unerschütterlichen Gottvertrauens. »Ist nicht der Herr in unsrer Mitte?« – damit spielen sie auf Psalmen wie den 46. an: »Der Herr Zebaoth ist mit uns, der Gott Jakobs ist unser Schutz.« Sind sie dabei vielleicht sogar subjektiv aufrichtig? Privatisieren sie ihre Gläubigkeit und vergessen sie, daß Gott auch der Gott der anderen ist? Sie merken vielleicht gar nicht den Widerspruch zwischen ihrer Verstoßung des Rechts, ihrer Hingabe an den finanziellen Gewinn und ihrer verbalen Ergebenheit an Jahwe. Um so deutlicher sollten alle späteren Hörer Michas damit rechnen, daß Glaubensaussagen zum Slogan religiöser Selbstsicherheit werden können und daß sie beim Propheten den Gipfel der Anklage darstellen, weil sie zur Maske geworden sind, die Rechtsverdrehung und Gewinnsucht verdecken sollen. Zum Unrecht an Menschen und zur Gier nach Geld kommt eine Scheinheiligkeit des Bekennens, die in Wahrheit eine Verleugnung des Gottes Israels als des Gottes aller Elenden ist. Als der Herr des eigenen Lebens und als Beistand aller Leidenden ist er verstoßen. Darum ist solches »Gottvertrauen« eben doch eine schlimme Maske. Micha bezeugt, daß Gott selbst sie herunterreißt.

Denn so schließt sein Spruch (V. 12): »Darum (!) wird euretwegen Zion zum offenen Felde umgepflügt, Jerusalem zum Trümmerhaufen und der Tempelberg dem Wild des Waldes übergeben werden.« Wie eine Bombe muß es eingeschlagen haben, als Micha den Richtern, Priestern und Propheten dieses Urteil entgegenschleuderte: Darum euretwegen! – euretwegen, die ihr so gläubig den Herrn in eurer Mitte glaubt! – euretwegen, die ihr voll religiöser Zuversicht in die Zukunft blickt! – euretwegen wird Zion ein Trümmerhaufen! – ein Ruinenfeld! – eine Wildnis, dem Geheul der Schakale und Hyänen überlassen! Das also wird aus der stolzen Stadt, die man mit Blut ausbauen wollte. Nie ist Jerusalem Ärgeres angedroht worden.

Bemerken Sie, wie Micha hier von Jahwe schweigt? Aus der Maske der Gegner tönte immerzu Jahwes Name: »Ist nicht Jahwe in unsrer Mitte?« »Sie stützen sich auf Jahwe« (3, 11). »Ist Jahwe ungeduldig?« (2, 7). »Sie schreien zu Jahwe« (3, 4). Bei Micha dagegen fällt ein verhaltenes Passiv auf: »Zion wird umgepflügt werden«. Er spricht nur vom »Berg des Hauses«, nicht »des Hauses Jahwes«. Er eröffnet den letzten Spruch auch nicht mit »So spricht Jahwe«; diese Botenformel wird später in Jer 26, 18 nachgetragen. Dem Propheten Micha hat wohl das pausbäckig-fromme Reden der anderen eine ungewöhnliche Sparsamkeit in der Nennung des Namens Gottes auferlegt. Wir sollten es beherzigen und vergleichen mit Jesu Abweisung derer, die nur »Herr! Herr!« sagen, aber nicht den Willen des Vaters tun (Mattäus 7, 21).

Wo ist denn nun Gottes Gegenwart, wenn nicht mehr in seiner Stadt, nicht mehr in seinem Tempel, nicht mehr da, wo er sich früher finden ließ? Nicht an den Ort, sondern an das Wort hat der Herr seine Präsenz gebunden. Im Wort des Rechts und dessen Zeugen Micha bleibt er gegenwärtig, inmitten aller Gottesfinsternis, auch in allem Verstummen Gottes im Mund der falschen Propheten. Gerade im Gericht bleibt er wirksam gegenwärtig, als der schweigend Handelnde, als der von einzelnen Betroffenen Bezeugte. In den Boten geht er vor seinem Volke her.

Hundert Jahre nach Michas Auftreten erinnern die Ältesten von Juda bei Jeremias Prozeß daran, daß der König Hiskija auf Michas Einzelstimme gehört habe. Er sei umgekehrt und habe nicht nur verbal, sondern total sein Leben dem Gott des Propheten Micha unterstellt. Was wird Micha nach 2700 Jahren der Wirksamkeit seines Wortes unter uns auf die Dauer ausrichten? Möge er uns wenigstens von den Masken frommer Redensarten zur Wohltat eindeutigen Lebens helfen.

Was ist das Neue im neuen Bund?

zum jüdisch-christlichen Dialog

nach Jeremia 31, 31–34

Als der amerikanische Holocaust-Film auch über die deutschen Bildschirme lief, erschütterte er von Millionen Wohnzimmern aus weiteste Kreise. Aber das wichtigste steht immer noch aus. Auschwitz und der Massenmord ungezählter Juden muß zur brennenden Frage werden, – nicht nur an die Adresse der Deutschen, sondern mehr noch an die der Christen. Wo liegt unsere Mitschuld? Wie können wir neuen Judenhaß hindern? Wie kann es zu einer Bruderschaft von Juden und Christen kommen, die auch zum Abbau der Spannungen in unserer Welt und zu einem Modell des Völkerfriedens hinführt, ohne den die Welt überhaupt keine Zukunft mehr hat?

Seit der Begründung der Hochschule für jüdische Studien bietet Heidelberg eine singuläre Gelegenheit zu gemeinsamen Studien von Juden und Christen. Die Universität und insbesondere die theologische Fakultät haben der neuen Hochschule für zahlreiche Einladungen zu danken und damit für das Angebot zur Gelegenheit besseren Verstehens. Als kleiner Dank möchte es auch verstanden werden, wenn wir als christliche Theologen teilnehmen lassen an unseren Versuchen, das Hauptbuch Israels, das Alte Testament, zu verstehen. Hier sind wir alle noch auf dem Weg zu größerer Klarheit.

Es ist das unterschiedliche Verständnis der Schrift, das uns getrennt und im Laufe der Geschichte bis zu den schlimmsten Feindseligkeiten verführt hat. Wollen wir für die Zukunft mehr als eine oberflächliche Koexistenz, so werden wir uns gemeinsam um ein neues Verständnis der Schrift als einer Hauptquelle von unser beider Existenz mühen müssen.

Ich möchte heute mit Ihnen die große Verheißung Jeremia 31,

31–34 lesen. Gerade die Verheißung vom *Neuen* Bund innerhalb des *Alten* Testaments sollte nicht nur ein Brückenschlag zwischen Altem und Neuem Testament sein, sondern könnte auch Juden und Christen einander näherbringen. Christen haben sie oft voreilig und falsch für sich ausgebeutet, und Juden haben sie, soweit ich sehe, oft zu wenig beachtet, obwohl sie dem Wortlaut nach nur Israel gilt.

Ich lese Jeremia 31, 31: »Siehe, es kommt die Zeit, da will ich mit dem Hause Israel und mit dem Hause Juda einen neuen Bund schließen.« Aus diesem ersten Satz stehen zwei Fragen vor uns auf. Sie werden uns auf der Entdeckungsfahrt durch den ganzen Text begleiten. »Siehe, es kommt die Zeit...« *Wann* kommt die Zeit? Ist sie schon gekommen? Erwarten wir sie noch? Das ist die erste Frage, – eine Frage glühender Spannung zwischen Juden und Christen. Als zweite Frage tritt auf: Was ist denn das wesentlich *Neue* an dem neuen Bund? Wir werden nach der Wohltat einer klaren Antwort im folgenden ausspähen. Nur mit der Antwort auf diese zweite Frage wird auch die erste – nach der Zeit der Erfüllung – eine Antwort finden. Wir hoffen es. Wir werden das angekündigte Neue Zug um Zug mit dem zu vergleichen haben, was in unserer Gegenwart Wirklichkeit ist.

Neben den beiden Fragen gibt uns der erste Satz auch schon zwei grundlegende Hinweise mit auf den Weg. Sie betreffen den Sprecher und den Empfänger der Verheißung. »Siehe, Tage sind im Kommen, sagt der Herr...«. »sagt *der Herr*« – dieses Sätzchen wird in jedem der folgenden Verse wiederholt, am Ende von V. 32 und jeweils in der Mitte der Verse 33 und 34. Das Ganze will also als Gottes Verheißung gehört sein. Vierfach ist es betont. Dem entspricht es, daß in den allermeisten Sätzen Gottes ICH das Subjekt ist: »Ich will einen neuen Bund schließen«, »ich will mein Gesetz in ihr Herz geben«, »ich will ihre Missetat vergeben« und öfter. Der Prophet betont also, daß der neue Bund von vornherein nur zu begreifen ist als reines Geschenk von Gottes Verheißung, gleichgültig, ob wir sonst mit Gott rechnen oder ob wir sonst überhaupt nicht mit Gott rechnen. Dieser neue Bund ist nur zu verstehen, wenn wir ihn als Gottes Willen und Gottes Tat entdecken. Er bleibt uns unverständlich, wenn wir ihn nur als eine Form menschlicher Gemeinschaft betrachten, sei sie auch religiöser Art. »So spricht der Herr«, – das aufzunehmen ist die unerläßliche Voraussetzung zum Verstehen des neuen Bundes.

Der andere grundlegende Hinweis betrifft den Adressaten der Verheißung. In V. 31 steht: »Ich will mit dem Hause *Israel* und mit dem Hause *Juda* einen neuen Bund schließen.« Vergleichen Sie damit V. 33! Da heißt es nur: ». . . mit dem Hause *Israel*«. Nach Vers 33 ist also nur Israel der Adressat, während in V. 31 das Haus Juda nachgetragen zu sein scheint. Diese textgeschichtliche Beobachtung wird interessant. Denn Israel und Juda waren in vorexilischer Zeit die Namen zweier getrennter Staaten. Israel hieß das Nordreich mit der Residenz Samaria, Juda hieß das Südreich mit Jerusalem als Hauptstadt. Israel wurde 722 definitiv zerstört, und die Überlebenden wurden meist deportiert. Eben diesem trostlosen Rest wurde der neue Bund anscheinend zuerst verheißen. Als dann 587 auch über den Staat Juda das Gericht der Zerstörung ergangen war, das Heiligtum in Jerusalem niedergebrannt und wesentliche Teile seiner Bevölkerung zwangsverschleppt worden waren, da wurde die Verheißung für Israel nun auch dem Hause Juda zugesprochen. Das Prophetenwort traf also wahrscheinlich die beiden Teile des alten Gottesvolkes nacheinander in der Abfolge des völligen Zusammenbruchs, in Tagen jeweiliger totaler Resignation. Der kümmerliche Rest war eben dabei, seine letzten Hoffnungen im Exil zu begraben, da wurde sein Blick emporgerissen mit diesem Wort: »Siehe, Tage sind im Kommen, da will ich einen neuen Bund schließen.«

Halten wir fest, daß das Wort vom neuen Bund zunächst nur Israel und dann Juda zugesprochen worden ist. Es gilt also zunächst gar nicht irgendwelchen Kreisen aus der übrigen Völkerwelt. Erst recht ist nicht vom neuen Bund allererst den Christen gegenüber die Rede. Christen haben sich bisweilen als »Volk des neuen Bundes« mit Arroganz über das Volk des alten Bundes erhoben. Das ist ein zutiefst frivoler Stolz mit schlimmen Folgen. Wir müssen uns einschärfen, daß Israel nicht nur das Volk des alten Bundes ist, sondern daß auch der neue Bund zunächst nur ihm zugesprochen wurde. Die Kraft dieser Verheißung hat Israel trotz aller Katastrophen als ein Volk besonderer Art erhalten. Daß es trotz allem bis heute Juden gibt, weist doch darauf hin, daß Gott in Treue zu seiner Verheißung steht.

Als der Jude Jesus auftrat, wußte auch er sich zunächst nur gesandt zu den verlorenen Schafen vom Hause Israel (Mattäus 15, 24). Erst als der Auferstandene gab er seinen Jüngern – lauter Juden! – den Auftrag: »Geht in alle Welt und lehret alle Völker!« (Mattäus 28, 19). Der Jude Paulus hat dann die Gemeinden aus den Völkern angeleitet, im alttestamentlichen Wort für Israel auch Hilfe für sich selbst zu finden. So darf die Gemeinde aus den Völkern auch aufmerksam werden auf die Verheißung des neuen Bundes. Sie wird dabei der ersten beiden Adressaten gedenken, denen sie im Namen Jesu zugesellt wird. Sie wird neu bedenken, daß das Wort ursprünglich in die verzweifelte Untergangsstimmung im Zerfall des Gottesvolkes unter Gottes Gericht hineinspricht. Keinerlei angeblich neutestamentliche Überlegenheitsgefühle werden dabei aufkommen können. Die Verheißung wird vielmehr die christliche Gemeinde gerade in Zeiten der eigenen Bedrängnis, der eigenen Unsicherheit und Hoffnungslosigkeit mit Israel und seiner Not zutiefst zusammenschließen, eingedenk der ursprünglichen Situation und Funktion dieser Verheißung. Da vergeht uns der Hochmut, aus dem die massenhaften Brandopfer aufflammten, die uns unsagbar belasten. Der Hochmut weicht einer dankbaren Demut. Paulus lehrt sie mit den Worten: »Nicht du trägst die Wurzel, die Wurzel trägt dich« (Römer 11, 18). So hören wir nur als späte Nachkömmlinge das Wort an die ersten Adressaten aus Israel und Juda. Immerhin dürfen und sollen wir nun zusammen mit der Judenschaft hören, was es um den neuen Bund ist.

Der Prophet erläutert in Vers 32 zunächst, was er nicht ist: »Nicht wie der Bund gewesen ist, den ich mit ihren Vätern schloß, als ich sie bei der Hand nahm, um sie aus Ägyptenland zu führen.« Bis hierher wird gar nichts Negatives über den alten Bund gesagt. Vielmehr wird zunächst betont, daß auch er aus Gottes freier Initiative entstand und daß sein Hauptkennzeichen die Befreiung aus Ägypten war. Auch der alte Bund war Gnaden- und Befreiungsbund.
Was aber machte den alten zum alten Bund? Was machte ihn hinfällig? Was fordert einen neuen Bund heraus? Die Fortsetzung in Vers 32 sagt es: ». . . mein Bund, den sie (nicht gehalten – übersetzte Luther, – genauer) *zerbrochen* haben, spricht der Herr.« Das sagt der Prophet im Namen seines Gottes: Israel hat den Bund zerbrochen, den Jahwe einst zugesagt hatte. Israel hat den Bund zerstört, aufgelöst, annulliert, obwohl der Herr in Treue zu ihm gestanden hat. Eine präzise Interpretation unseres Satzes »sie brachen meinen Bund« finden wir in Jeremia 11, 10: »Sie weigerten sich, auf meine Worte zu hören und liefen hinter anderen Göttern her, um ihnen zu dienen. *So* haben das Haus Israel und das Haus Juda meinen Bund zerbrochen, den ich mit ihren Vätern schloß.« Ganz deutlich also sagt der Prophet: Nicht Gott der Herr, sondern Israel hat den alten Bund gekündigt. Das aber heißt: der Bund existiert nur noch als gebrochener. Der Prophet sagt damit nichts anderes, als was jeder der großen Propheten seit dem 8. Jahrhundert Israel bezeugt hat. Hosea (1, 9) verkündet geradezu im Namen seines Gottes: »Ihr seid nicht (mehr) mein Volk – und ich, ich bin nicht (mehr) da für euch«, und Amos (8, 2): »Das Ende ist gekommen für mein Volk Israel«, und Jesaja (1, 2 f.): »Söhne habe ich großgezogen und hochgebracht, aber sie sind von mir abgefallen; ein Ochs kennt seinen Herrn und ein Esel die Krippe seines Herrn; aber Israel kennt's nicht, und mein Volk versteht's nicht«. So ist die große Prophetie weit, weit mehr als Interpretation der Tora. Sie deckt Israel auf, wie es den alten Bund aufgelöst hat. Es hat sich von der Hand gelöst, die es in die Freiheit und ins Leben führte und weiterhin führen wollte.

Amos verdeutlicht, wie sich Israel an habgieriger Ungerechtigkeit statt an Gottes guter Weisung orientierte; Hosea deckte auf, wie sie sich das Leben von schwülen kanaanäischen Sexualriten statt von der Gemeinschaft mit ihrem Gott versprachen; Jesaja prangerte an, wie sie ihre Freiheit von Militärpakten mit den Großmächten statt vom Vertrauen auf den Herrn aller Mächte erwarteten. So haben sie den alten Bund zerbrochen, indem sie ihren Gott verließen. Unser Jeremiawort faßt also exakt zusammen, was der Chor der Gerichtspropheten des 8. Jahrhunderts vielstimmig bezeugt hat.
Doch auch über Israels Bundesbruch hinaus erweist sich Israels Gott als sein Herr. »Aber ich habe mich als sein *Herr* erwiesen«, fährt das Prophetenwort fort. Er führt die Völker zum Strafgericht gegen sein Volk herauf. Erschütternd verkünden die Propheten den Zorn Gottes. Aber er gilt ebenso den Völkern, wenn sie eigenmächtig über sein abtrünniges Volk herfallen. So sagt Jesaja (10, 15): »Vermag sich auch eine Axt zu rühmen gegen den, der damit haut, oder eine Säge großzutun wider den, der sie zieht?« So werden die Christen aus den Völkern gut daran tun, sich zusammen mit Israel im Spiegel der Prophetie selbst zu erkennen. Wie oft hat sich die Kirche im Laufe ihrer Geschichte des gleichen Abfalls schuldig gemacht wie einst Israel! Im Spiegel der Prophetie ist zu erkennen, was es heißt, die Hand, die in die Freiheit führt, fahren zu lassen. Hier darf nichts vergessen, nichts vertuscht werden. Die Völker stehen mit Israel in Gottes Gericht. Die Christen unter den Völkern sollten darum klar wissen.

Eindeutig hat also unser Prophet den alten Bund als den zerbrochenen verkündet. Um so überraschender ist nun die Erklärung des in Vers 31 schon angekündigten neuen Bundes. Was ist das Neue? Wir lesen Vers 33: »Das soll der Bund sein, den ich mit dem Hause Israel schließen will nach dieser Zeit: Ich will mein Gesetz in ihr Herz geben und in ihren Sinn schreiben. Und ich will ihr Gott sein, und sie sollen mein Volk sein.«

Wieder bemerken wir zuerst, worin der neue Bund dem alten gleicht. Es sind drei Punkte: a) »Ich will!« Die freie Initiative Gottes führt den neuen wie einst den alten Bund herauf. b) Die Basis des neuen Bundes ist »das Gesetz«, d. h. die Tora als die hilfreiche Wegweisung. c) Auch das Ziel des neuen Bundes ist gleich dem des alten: »Ich will ihr Gott sein, und sie sollen mein Volk sein« (Vers 33b).

Neu, unerhört neu aber ist nun die Vermittlung von Gottes Wegweisung. »Ich gebe die Wegweisung hinein in ihr Innerstes und schreibe sie auf ihr Herz.« Das ist das erste, gänzlich Neue am neuen Bund. Wie anders war die alte Gebotsvermittlung, wenn die Tafeln auf dem Sinai beschriftet und steil vor Israel aufgerichtet wurden! Welch erschreckende Distanz! Es heißt Exodus 20, 18 ff., Israel habe in Todesangst die Stimme Gottes nicht aushalten können und sich Mose als Vermittler erbeten. Wie anders war es noch, wenn der Priester den Willen Gottes ausrief, auch, wenn einer das Gebot an die Pfosten seines Hauses und an die Tore schrieb, oder wenn er sie gar als Merkzeichen an seine Stirn und auf seine Hand band! Immer stand noch die Erwartung des Gebots der Erfüllung des Gehorsams gegenüber. Und selbst dann noch, wenn der Mensch nach Deuteronomium 6, 5 »alle Worte, die dir der Herr gebietet, selbst zu Herzen« nahm. Da stand noch der innere Widerstreit aus. Denn nach Jeremia 17, 1 war schon eine andere Schrift ins Herz eingemeißelt: »Die Sünde Judas ist geschrieben mit eisernem Griffel und mit diamantener Spitze gegraben auf die Tafel ihres Herzens.« Gerade Jeremia hat aufs schärfste gesehen, wie der Mensch ein Gefangener seines inneren Widerspruchs ist. »Kann etwa ein Mohr seine Haut wandeln oder ein Panther seine Flecken? So wenig könnt auch ihr Gutes tun, die ihr ans Böse gewöhnt seid«, sagt er 13, 23. Jeremia sieht also das Problem des alten Bundes ganz auf dem Gebiet des Anthropologischen: der Mensch ist im Ernstfall unfähig zum Gehorsam.

Genau hier setzt das Neue des neuen Bundes ein. Die Wegweisung tritt nun nicht mehr dem Menschen fordernd gegenüber, sondern sie erfüllt und gestaltet sein Inneres selbst, sei-

nen Willen. Die Kluft zwischen göttlichem Anspruch und menschlichem Gehorsam wird übersprungen und das Herz wird direkt von Gottes Freiheitsruf gestaltet. Gottes eigener Finger beschriftet das Organ der Lebensorientierung. Ein neuer Wille und ein völliges Vermögen zum neuen Verhalten sind ihm eingestiftet. Gottes Gebotsmitteilung ist zugleich seine völlige Willensvermittlung.
Wie revolutionär neu das ist, was Jeremia meint, sagt Ezechiel noch präziser und deutlicher. Er kündigt eine Herztransplantation an: das steinerne Herz, das keiner Empfänglichkeit fähig ist, wird operativ entfernt, und ein neues, fleischernes, lebendig funktionierendes Herz wird eingepflanzt; Gottes Geist selbst ist sein pulsierendes Leben (Ezechiel 11, 19 und 36, 26). Dann ist der Streit zwischen Wollen und Vollbringen geradezu anatomisch entfernt. Der gute Wille Gottes ist völlig geeint mit dem menschlichen Willen. Dann sind wir nicht mehr »gerecht und Sünder zugleich« (simul justus et peccator); dann sind wir nicht nur teilweise anders (nur innerlich oder nur äußerlich oder nur zentral oder nur peripher), sondern dann sind wir total anders als zuvor. Dann ist »das Neueste vom Neuen da: der neue Mensch, ein Herz, wie es das noch niemals gegeben hat auf Erden« (Kornelis H. Miskotte).
Das also ist das erste Neue im neuen Bund. Dazu fragen wir jetzt: Ist nun dieser bei Jeremia angekündigte Bund hinsichtlich des ganz neuen Herzens Gegenwart? Sind wir als christliche Gemeinde in diesem Sinne völlig geeint mit dem Willen Gottes? Wir müssen mit Israel bekennen: wir warten noch auf die Erfüllung. Wir müssen mit Israel (in Vers 33a) unterstreichen, was auch noch für uns gültig ist: »*nach* diesen Tagen«. Wir harren des Eschaton. Noch sind wir gerecht und Sünder zugleich.
Doch das ist noch nicht alles zur Sache. Wir müssen unsere Freunde aus Israel fragen: was sagt Ihr zu Euren jüdischen Brüdern, die sich im Neuen Testament zu Worte melden und berichten, daß in ihrer Mitte einer aufgetreten sei, den sie gesehen und gehört haben, den ihre Hände betastet haben,

und in dem sie das Neueste vom Neuen leibhaftig erkannt haben: den neuen Menschen, Jesus von Nazareth? Von ihm haben sie glaubhaft vernommen: »Meine Speise ist die, daß ich tue den Willen des, der mich gesandt hat, und vollende sein Werk« (Johannes 4, 34). Und in Getsemani hat er gerufen: »Vater, nicht mein Wille geschehe, sondern der deine« (Lukas 22, 42). Nicht in unseren Herzen, aber in seinem Herzen erkennen wir die Handschrift Gottes selbst. In ihm sehen wir Christen die Wirklichkeit des neuen Bundes unter uns. Noch mehr: wir sehen durch ihn den neuen Bund für uns verwirklicht. Denn das haben uns die neutestamentlichen Zeugen aus Israel, unsere Apostel, von seinem letzten Mahl her überliefert: daß er sein Blut als Blut des neuen Bundes für die Vielen hingab. Da werden Exodus 24 und Jeremia 31 kontrahiert: »Der neue Bund in meinem Blut« (Lukas 22, 20). So glauben wir trotz unseres noch gespaltenen Herzens, daß er das Bundesziel (nach Vers 33b) schon für uns gültig in Kraft gesetzt hat: »Ich will ihr Gott sein, und sie sollen mein Volk sein.« Wir dürfen uns mit Jesu jüdischen Boten und mit den jetzt lebenden Brüdern aus Israel zu Gottes Volk im Namen Jesu hinzuberufen wissen; anders gewiß nicht, aber so gewiß doch. Römer 9, 25 heißt es, daß die, die Hosea »Nicht-mein-Volk« nennen mußte, nun wieder – oder erstmalig – »Mein-Volk« heißen.

Daraus folgt noch etwas anderes. Unter dem Wirken des Wortes Jesu gibt es hie und da doch auch schon Züge der Handschrift Gottes in unseren Herzen. Es gibt ein vorläufiges Aufblitzen der Endzeit in der Gemeinde. Inmitten unseres inneren Widerstreits dürfen wir täglich erbitten und erwarten, daß sein Geist unseren Trotz überwindet. Das ergibt wenigstens einen Vorgeschmack der endgültigen Einung mit seiner Liebe und Freiheit. Paulus nennt es eine »Anzahlung«, einen »Vorschuß« (2. Korinther 1, 22; 5,5) auf die volle Gabe des neuen Herzens, den Jesu Geist unter uns zu wirken beginnt. So leben wir gleichsam zwischen den Bünden, besser: auf den ersten Stufen der Erfüllung des neuen Bundes.

Fassen wir vorläufig zusammen: als das erste, was ganz neu ist im neuen Bund, erkennen wir das von Gott selbst beschriftete Herz, d. h. die völlige Erneuerung unseres Bewußtsein, unseres Willens und unserer Leidenschaften durch Gott selbst. In Jesus sehen wir dieses Neueste vom Neuen verwirklicht und unter uns gegenwärtig. Das haben wir mit den Boten aus Israel im Neuen Testament erkannt. Mit ihm also ist die Zeit, die in Jeremia 31 als die kommende angezeigt wird, eingetroffen. In ihm ist der neue Bund Gegenwart. Mit ihm hat die Endzeit begonnen. Im Blick auf uns, auf die Gemeinde aus Juden und Heiden, erkennen wir es anbruchsweise, vorschußweise. Wir warten mit Israel auf die Vollendung. Doch sind wir durch Jesus schon gegenwärtig alle – wieder oder erstmalig – zum neuen Gottesvolk endgültig berufen.

Der Zwischenzustand zwischen Beginn und Vollendung der Endzeit wird uns im letzten Vers unseres Textes noch deutlicher. Hier hören wir zunächst das zweite, was neu ist im neuen Bund (Vers 34a): »Es wird keiner den anderen noch ein Bruder den anderen lehren und sagen: Erkenne den Herrn! –, sondern sie sollen mich alle erkennen, beide, klein und groß, spricht der Herr.« Was bedeutet das? Erschrecken Sie nicht! Vielleicht freuen sie sich vielmehr darüber. Es bedeutet nicht weniger als das völlige Aufhören des Lehramts. Das ist die klare Folge der Beschriftung der Herzen durch Gott selbst. Der Prophet hat wohl die Vergeblichkeit des Lehrbetriebs in den Tagen des Königs Josia und der deuteronomischen Reform vor Augen. (Manche von uns wissen vielleicht auch etwas von Vergeblichkeit des Lehr- und Lernbetriebs zu erzählen.) Damals muß der Lehr- und Lerneifer staunenswert gewesen sein. Und doch konnte er den neuen Menschen nicht herstellen, so wenig wie spätere Lehroffensiven. Doch jetzt heißt es: im neuen Bund werden »Kleine und Große mich erkennen« –, alle, Kinder sowie Gelehrte, Gebildete wie Einfältige, Selbständige wie Abhängige. Alle diese Unterschiede werden wesenlos werden. Nur eins wird wesentlich: »den Herrn erkennen.« »Erkennen« – das ist biblisch etwas ganz anderes als eine flüchtige Bekanntschaft oder auch eine sorgsame, aber distanzierte Kenntnisnahme, wobei die Distanz geradezu als Bedingung für rechtes Erkennen proklamiert wird. Erkennen heißt hier: Erfahrungen der Liebe sammeln, von Tag zu Tag vertrauter werden, Lebensgemeinschaft mit dem Freund gewinnen. Biblisch erkennen wir in dem gleichen Maße, in dem wir lieben. Wenn Gott verheißt: »Sie werden mich alle kennen«, – dann heißt das also: sie werden in innigen Kontakt mit mir treten, unmittelbar verläßliche Einsicht in meine Wege gewinnen und volle Lebensgemeinschaft mit mir erfahren. Da wird der neue Bund, so einseitig er von Gott gestiftet ist, ein wirklich zweiseitiger Bund werden: in völliger Übereinkunft jedes einzelnen mit ihm, dem Einen, ohne zwischengeschaltete Lehrer und in voller Gemeinschaft mit dem ganzen Gottesvolk.

Dieses zweite Neue – das ist Juden und Christen im gleichen Maße klar – ist durchaus noch nicht Gegenwart; es gehört zur Vollendung, auf die wir warten. Doch wenn uns diese Erwartung des Künftigen beseelt, daß die gegenseitige Belehrung völlig entfallen wird, dann kann sie als Hoffnung jetzt schon zweierlei ausrichten.

Einmal stellt sie uns die Vorläufigkeit unseres jetzigen Lehrens und Erkennens ständig vor Augen. Wir können über unser Stümpern als Lehrer, als Studenten, wohl seufzen, aber wir brauchen nicht am Lernprozeß und an der Lehrtätigkeit zu zerbrechen. Wir stümpern dem Ziel der vollen Erkenntnis Gottes durch alle entgegen. Er hat uns verheißen: »Sie werden mich alle erkennen«. Das ist unser Trost.

Und zum andern: In dieser Erwartung kann keine fanatische Gesetzlichkeit und eitle Besserwisserei aufkommen. Unterwegs zum neuen Bunde vollendeter Gemeinschaft kann die Grundhaltung im vorläufigen Lehramt nicht die der Herrschaft über den Glauben sein, sondern nur die der Gehilfenschaft zur Freude, wie Paulus 2. Korinther 1, 24 schreibt: »Wir sind Gehilfen eurer Freude«. So sollte auch im gegenseitigen Belehren von Juden und Christen diese unsere Zwischenzeit entkrampft sein und fern aller rücksichtslosen Rechthaberei weithin den Stil gegenseitigen Befragens annehmen, – in der Zeit der Vorfreude: »Sie werden mich alle kennen«, sie alle werden mir vertraute Freunde sein.

Doch nun kommt das Dritte – nach der rettenden Herzchirurgie und nach der Auflösung des Lehramts. Das Dritte, was neu ist im neuen Bunde, finden wir Vers 34b: »Ich will ihnen ihre Missetat vergeben und ihrer Sünden nimmermehr gedenken.« Sind wir fähig auszudenken, was für eine totale Veränderung mit dieser Zusage der Sündenvergebung in unsere Lebensgeschichte eintritt? Diese Veränderung hat kein geringeres Format als das Weltgericht. Sündenvergebung, wie sie hier verheißen ist, nimmt das Weltgericht vorweg. Es ist Freispruch, der im Weltgericht gültig ist. Die Worte für »Missetat« und »Sünde« besagen im Hebräischen so viel wie »Verwirrung« und »Verirrung«. »Vergeben« aber bedeutet ganzes »Verzeihen«, Nichtanrechnung aller Verachtung Gottes und seines Willens, Wiederherstellung der Freundschaft. »Nicht gedenken« ist geradezu juristischer Terminus und meint eigentlich: die böse Sache vor keiner Gerichtsinstanz mehr zur Sprache bringen, den Fall endgültig fallen lassen. Kurzum sagt der Schlußsatz verbindlich zu, daß Gott im neuen Bund allen Anlaß zum Zorn und zur Strafe »ins Meer werfen will, dahin, wo es am tiefsten ist« (wie es großartig in Micha 7, 19 heißt), dahin, wo die bittersten Feinde Israels, die Streitwagen Ägyptens, absanken auf Nimmerwiedersehen. Das also heißt Sündenvergebung: Rettung vor den gefährlichsten Feinden durchs Gericht hindurch, Freispruch vom schlimmsten Frevel, Befreiung von Schuld als Siegesakt.
Hier stehen wir am Höhepunkt des neuen Bundes, nein, genauer müssen wir sagen: hier ist das Fundament des neuen Bundes. Dieses Fundament kannte der alte Bund nicht. Hier lohnt es sich, genau zuzusehen. Inwiefern ist die Zusage der Sündenvergebung das Fundament des neuen Bundes? In Vers 34b liegt ein Begründungssatz vor; er beginnt mit der Kausalpartikel »denn«. Was begründet dieser Satz?

Zuerst sicher den unmittelbar voraufgehenden Satz 34a (1.: 34b begründet 34a). Die Erkenntnis Gottes wächst aus der Sündenvergebung. Ohne Sündenvergebung gibt es keine Gotteserkenntnis. Die Sündenvergebung aber begründet die entscheidende Gotteserkenntnis als grundlegende Liebeserfahrung. Gott als den erkennen, der die verwüstende Gewalt der Verwirrung und Verirrung entfernt, das heißt wahrhaft, ihn entdecken. Das ist also das erste, was hier begründet wird: Sündenvergebung begründet Gotteserkenntnis.

Aber der Begründungssatz greift sicher auch noch weiter zurück: er macht den neuen Bund allererst möglich. An die in Vers 32b ausdrücklich genannte Sünde ist zu denken (2.: 34b bezieht sich auf 32b): der alte Bund wurde gebrochen; Israel hat seinen Befreier verlassen und verraten und sich Abgöttern zugewandt. Die Vergebung dieser Hauptsünde, das Fallenlassen dieses entscheidenden Falles macht die neue Verheißung allererst möglich. Sündenvergebung schafft also die Voraussetzung schlechthin für den neuen Bund; sie ist eben das Fundament des neuen Bundes.

Schließlich sollten wir beachten, daß dieser Begründungssatz zugleich der Schlußsatz der Verheißung ist (3.: 34b umfaßt wie 33–34a alles Künftige). Er will damit sicher als letzter der Verheißungssätze auch auf die Zukunft bezogen werden. Er begründet die Dauerhaftigkeit des neuen Bundes. Die Verheißung der Sündenvergebung kommt nicht nur aller menschlichen Leistung zuvor, sondern auch allem absehbaren Versagen des alten und des neuen Gottesvolkes. Die Zusage der Sündenvergebung garantiert die Unverbrüchlichkeit des neuen Bundes in alle Zukunft hinein. So wird also nicht der alte, gebrochene Bund erneuert, sondern ein wahrhaft neuartiger, unverbrüchlicher, durch keine Sünde zerstörbarer Bund begründet. Er heißt darum auch – sehr interessant und wichtig! – in Jeremia 32, 40 unter Aufnahme unserer Verheißung ein »ewiger Bund«: »Ich will mit ihnen einen ewigen, endgültigen Bund schließen und will nicht aufhören, ihnen Gutes zu tun.«

Fragen wir nun auch hier nach dem Wann der kommenden

Zeit. Wir sahen bisher: der ganz neue Mensch des neuen Herzens ist in Jesus in unserer Geschichte erschienen; für uns ist er gegenwärtige Hoffnung; das Ende des Lehramts ist reine Zukunftsmusik, wenn wir nicht Schwärmer werden wollen; der Zuspruch der Sündenvergebung aber ist eindeutig in Jesus geschichtlich verwirklichte, volle Gegenwart. Er zieht einen definitiven Schlußstrich unter unser aller Vergangenheit. So sind wir denn einstweilen bis zum Tag der Vollendung gerecht und Sünder zugleich. Die uns zugesprochene Vergebung ist der Grund, auf dem jeder von uns jeden Morgen von neuem über die Welt und über sich selbst zu staunen vermag: im neuen Bund neu anfangen dürfen auf den neuen Bund hin, in der Spannung zwischen der Erfüllung in Jesus und der Vollendung für uns, für die Gemeinde aus Israel und aus den Völkern.

Es bleibt eine Frage an die jüdischen Brüder. Haben jene Juden im Neuen Testament, die in Jesu Paschamahl und Kreuzigung den neuen Bund der Sündenvergebung geschichtlich dokumentiert fanden, nicht traditionsgeschichtlich genau in der Linie der alttestamentlichen Bundschließungsberichte und der prophetischen Verheißungen gedacht und erkannt? Kann man die neutestamentliche Botschaft von der Rechtfertigung der Gottlosen als Jude eigentlich anders lesen denn als Besiegelung der prophetischen Verheißung vom neuen Bund?

Vielleicht ist ein letzter, kleiner Anstoß nötig. Dem Gespräch zwischen Juden und Christen fehlt die rechte Bewegung, wenn wir bei Tora und Talmud auf der einen Seite, bei Jesus und dem Neuen Testament auf der anderen Seite verharren. Wir können eine Brücke der Begegnung betreten, wenn wir mehr als bisher die Prophetie miteinander bedenken, den eschatologischen Umbruch in der biblischen Prophetie, insbesondere die Botschaft von dem radikal Neuen in der Prophetie am Beginn und am Ende der Exilszeit (vornehmlich bei Jeremia, Ezechiel und Deuterojesaja).

Hier entdecken wir als Christen die Wurzeln unseres Glaubens, die uns unlöslich mit Israel verbinden. Könnte nicht auch die heutige Judenschaft uns näherkommen, wenn sie in Jeremias neuem Bund nicht nur den erneuerten alten, sondern den verheißenen neuartigen Bund der Hoffnung erkennen könnte? Weist die Prophetie nicht ganz eindeutig über die Tora hinaus, wenn Jesaja 43, 18 der Exilsgemeinde zuruft: »Gedenket nicht an das Alte und achtet nicht auf das Vorige! Denn siehe, ich will ein Neues machen.«

Wichtiger als solche Lehrfragen bleibt, daß die Ansage des neuen Bundes für Juden und Christen in Kraft steht, im Modus der Verheißung und im Modus der Erfüllung. Die Zusage Gottes ist es, die uns in jedem Falle verbindet. Von der Kraft der Vergebung lebt die erneuerte Verbindung von Juden und Christen. Anders hat sie – zumal nach Auschwitz – keinen tragfähigen Grund.

Sie treibt uns an, miteinander auch neue Verhältnisse in der zerstrittenen Völkerwelt zu bedenken und zu experimentieren. Erfahrene Vergebung ist nicht nur Privatsache, sie ist im biblischen Licht Weltsache. Erfahrene Vergebung als Fundament des neuen Bundes schließt Rache auf allen Ebenen aus. Christen, sofern sie nur ihre Schuld erkennen, werden darum zu lernen haben, eine Politik des Entgegenkommens zu praktizieren. Mit jedem ersten Schritt eines Verzichts auf Vergeltung tritt das Neueste vom Neuen in die Geschichte ein. Neben einer Politik, die konsequent vom neuen Bund her denkt, wird es kaum Hoffnung für diese alte Welt geben.

Wie wird der falsche Prophet erkannt?

zu den Schwierigkeiten, die Geister zu unterscheiden

Heftige Gegensätze in wesentlichen Lebensfragen werden unter uns laut. Unser aller Zukunft steht auf dem Spiel. Dabei breiten sich Verwirrung und Streit aus, wo es doch gerade jetzt auf Einvernehmen und Zusammenarbeit ankäme. Aber was ist wahr? Was ist falsch?
Im Alten Testament entzündet sich die Brisanz solcher Fragen in der Prophetie. Klären wir vorweg, was hier mit »*Prophetie*« gemeint ist. Prophetie rückt gegenwärtiges Verhalten ins Licht künftiger Ereignisse, und zwar im Namen Gottes. Ich verdeutliche das am Beispiel von Jesaja 30, 15–17: »So spricht der Herr, der Heilige Israels: Nur in Umkehr und Ruhe liegt eure Rettung, nur Stillehalten und Vertrauen verleihen euch Kraft. Doch ihr wollt nicht, sondern ihr sagt: ›Nein! Auf Rossen wollen wir rasen!‹ – So werdet ihr dahinrasen! – ›Auf Rennern wollen wir reiten!‹ – So werden eure Verfolger euch überrennen!« – – Was ist gemeint? Zwei Positionen widerstreiten einander. *Israel* erwartet von einer Koalition mit Ägypten und seinen Streitwagenkorps, den schnellsten und stärksten Truppen im alten Orient, Rettung vor Assur, der feindlichen Großmacht aus dem Osten. *Jesaja* aber droht mit der überlegenen Stärke der Assyrer. *Israel* verspricht sich vom Militärbündnis mit Ägypten Widerstandskraft (wahrscheinlich unter dem Zuspruch anderer Propheten und Priester). *Jesaja* plädiert dagegen für entschlossenes Stillehalten und für die Hinwendung zu seinem Gott; die politische Konsequenz ist strikte Neutralität. Das also ist Prophetie: (nicht irgendeine Wahrsagerei, sondern) Beurteilung der Gegenwart im Licht der Zukunft, im Hören auf den Willen Gottes.
Nicht nur das *Alte* Testament kennt Prophetie in diesem Sinne. Nach Lukas 13, 34 f. ruft *Jesus* Jerusalem zu: »Jerusalem! Jerusalem! Du tötest die Propheten und steinigst, die zu

dir gesandt sind. Wie oft habe ich deine Kinder sammeln wollen, wie eine Henne ihre Küken unter ihre Flügel sammelt. Aber ihr habt nicht gewollt. Seht, euer Haus wird veröden!« (Lukas 19, 43 fährt fort:) »Deine Feinde werden dich von allen Seiten bedrängen. Sie werden dich und deine Kinder zerschmettern und keinen Stein auf dem andern lassen.« Das ist Prophetie: Beurteilung der Gegenwart im Licht der Zukunft, in der Vollmacht Gottes. Doch nicht nur Jesus tritt in neutestamentlicher Zeit als Prophet auf.

In der *frühen Christenheit* hat Prophetie eine große Rolle gespielt. Nach Mattäus 23, 34 hat Jesus nicht nur Lehrer oder Weise als seine Schüler ausgesandt, sondern auch Propheten. Es waren wohl Wanderpropheten, denn Mattäus 10, 41 sagt: »Wer einen Propheten aufnimmt, weil er ein Prophet ist, der soll Prophetenlohn empfangen!« Aber Jesus weiß auch um trügerische Propheten. Das zeigt schon seine Mahnung in der Bergpredigt (Mattäus 7, 15): »Hütet euch vor den falschen Propheten!« Seit je sind Propheten umstrittene Personen. Doch trotz der Möglichkeit gefälschter Prophetie hat die frühe Christenheit in der Nachfolge Jesu Prophetie als Beurteilung der gegenwärtigen Weltlage im Licht der Botschaft Jesu vom kommenden Reich Gottes für ganz unentbehrlich gehalten. Paulus mahnt (im 1. Thessalonicherbrief 5, 20 f.): »Verachtet prophetisches Reden nicht! Prüft alles, und behaltet das Gute!«

Solche Mahnung zeigt, wie nötig, ja wie unentbehrlich die Aufgabe ist, falsche und wahre Prophetie zu unterscheiden. Jedermann muß *lernen, mit falschen Propheten zu rechnen* und sie von rechten Propheten zu unterscheiden. Zu diesem Lernprozeß fordert uns nicht nur das Neue Testament auf. Die alttestamentlichen Prophetenbücher liefern uns lehrreiche Beispiele. Darauf wollen wir achtgeben. Denn das prophetische Amt ist ein ebenso gefährliches wie gefährdetes Amt. Die bisherigen Beispiele ließen uns schon ahnen, daß es eng verbunden ist mit der Frage nach der rechten oder der falschen politischen Predigt. Jesus sagt in der Bergpredigt (Mattäus 7, 15): »Die falschen Propheten kommen wie (harmlose) Schafe daher; in Wirklichkeit aber sind sie reißende Wölfe.« Wir hören heutzutage auf der einen Seite, daß alles, was militärpolitisch geschieht, nur dem Frieden dienen soll; auf der anderen Seite erfahren wir, daß die militärischen Maßnahmen schon heute hinreichen, um die Menschheit mehrfach zu vernichten. Dringend geboten ist uns die Gewissensschärfung, die falsche Propheten durchschauen lernt.

Im Alten Testament erfahren wir zu unsrer Ernüchterung, daß die Unterscheidung der Geister nicht nur sehr *nötig*, sondern daß sie ebenso *schwierig* ist. Darum sollen wir uns nicht wundern, wenn es heute verwirrend kompliziert erscheint, das rechte Urteil im Blick auf die Zukunft zu finden und die richtige Entscheidung in der Gegenwart zu treffen. Dabei ist es ein vitales Interesse aller Generationen, vor allem der jüngeren. Der Schwierigkeit der Aufgabe kann sich keiner dadurch entziehen, daß man nur auf die amtliche Stellung des Sprechers sieht, als seien die offiziell Beamteten immer auch die rechten Zeugen und die freien Laienmitarbeiter etwa von vornherein die falschen oder auch umgekehrt. Amos – wahrlich ein rechter Prophet – erklärt ausdrücklich, er sei von Haus aus kein Prophet und gehöre zu keiner Prophetenzunft, verdiene vielmehr seinen Lebensunterhalt mit Viehzucht und Feigenplantagen; aber der Herr, der Gott Israels, habe ihn unwiderstehlich gerufen, Israels Schuld aufzudecken und seinen Untergang anzusagen (7, 14 f.). Andererseits finden wir in Michas Umgebung Propheten, die als solche offizielle Amtsträger in Jerusalem sind, so wie die Priester und die Richter (Micha 3, 11); aber von jenen Propheten sagt Micha (3,5–7), daß sie sich sträflich von Menschen abhängig machen und daß sie deshalb in Umnachtung enden werden, ohne auf die brennenden Fragen ihrer Tage eine Antwort Gottes erhalten und weitergeben zu können. Wahr oder falsch, – diese Entscheidung hat sich noch nie nach der offiziellen gesellschaftlichen Anerkennung gerichtet. Das macht sie ernsthaft schwer und nötigt uns alle zu einem unabhängigen Urteil. Eine Kirche, die es mit dem Priestertum aller Gläubigen hält, muß mit wahrhaft prophetischen Stimmen aus allen Kreisen rechnen. Pastor Heinrich

Albertz oder Bischof Lohse sind nicht schon als ordinierte Amtsträger mit prophetischer Vollmacht ausgestattet, und Erhard Eppler oder Richard von Weizsäcker sind nicht schon deshalb zurückzuweisen, weil sie nicht ordinierte Theologen sind. Eines jeden Wort will geprüft sein.

Die Schwierigkeit der Unterscheidung vergrößert sich noch. Eine vorläufige Verunsicherung dürfen wir uns nicht ersparen. Im Alten Testament wird einmal gesagt, daß der Gott Israels Propheten von einem »Lügengeist« überfallen läßt. Nach 1. Könige 22 fragen die Könige Israels und Judas ein ganzes Parlament von vierhundert Propheten, ob sie gegen die Aramäer erfolgreich zu Felde ziehen könnten und sollten. Die Vierhundert bejahen es, und einer von ihnen namens Zidkija bestätigt es noch, indem er sich als Symbol eiserne Stierhörner anlegt und sagt: »So wirst du Aram niederstoßen und vernichten.« Doch trotz des vergewissernden Zeichens und der massenhaften Zustimmung erweist sich dieser Rat als falsch. Ein einzelner dagegen, Micha ben Jimla, deckt auf Grund der wiederholten Nachfrage des Königs von Israel die Täuschung auf. Er erklärt, daß der König selbst fallen und daß sein Volk zerstreut heimkehren werde. Gott habe zunächst einen Lügengeist über die anderen Propheten kommen lassen. Zidkija protestiert dagegen, und Micha wird gefangengesetzt. Aber seine Prophetie erweist sich als wahr. Beachten wir: ein einzelner behält recht gegen vierhundert. Der anscheinend Überlegene, in seinem Auftreten bombastisch Sichere, erweist sich als Lügner. Der König erfährt die Wahrheit erst bei wiederholter Nachfrage, erst dann, als ganz deutlich wird, daß er nicht nur seine eigenen Wünsche bestätigt haben will, sondern echt nach dem Willen Gottes fragt. Da kommt die Wahrheit ans Licht. So schwierig, so hingehalten von Schwankungen und Unsicherheiten kann die Unterscheidung wahrer und falscher Prophetie sich zuweilen vollziehen. Beharrliches, gründliches Fragen ist nötig, nicht schnellfertiges und lautstarkes Urteilen. Die selbstsicher auftreten, sind besonders kritisch zu prüfen und mit ihren Gegnern zu vergleichen. Die Scheidung der Geister ist wahrlich kein Kinderspiel.

Falsche Prophetie kann also Prüfung Gottes, kann schwere Anfechtung bedeuten. Auch ein Mann wie der Prophet Jeremia fühlte sich zeitweilig von seinem Gott betrogen. Unter der Wucht der Hand Gottes sieht er sich total vereinsamt. Seine von ihm bedrohten Gegner triumphieren und lachen über ihn. Sie scheinen lange Zeit gegen ihn recht zu behalten. Denn das von Jeremia angekündigte Unheil trifft nicht ein. So schreit er zu Gott: »Du bist mir ein Trugbach geworden, wie Wasser, die nicht Wort halten« (ein Bachtal verspricht erquikkendes Wasser, bringt aber beim Näherkommen nichts; Jeremia 15, 18). Gerade die rechten Propheten müssen durch qualvolle Zeiten des Wartens, durch unendliche Einsamkeit und bittere Anfechtungen hindurch. Sie erinnern schon von ferne an Jesu Leiden von Getsemani bis zum Kreuz.
Wenn wir diese Schwierigkeiten der Boten in der Bibel recht sehen, kann uns beim weiteren Beobachten aufgehen, daß die Aufgabe der Unterscheidung nicht nur unerläßlich, nicht nur notvoll, sondern daß sie auch *möglich,* ja *lösbar* wird. Die Depressionen und Resignationen, die da jammern, keiner wisse schließlich, was recht sei, sollen nach den biblischen Zeugnissen nicht das letzte Wort haben. Am Wege Jeremias können wir die Schritte aus tiefster Verunsicherung heraus zu neuer Gewißheit erkennen. Die Kapitel 27–28 bieten ein klärendes Beispiel.
Es geschah in der Zeit des Königs Zidkija um 593 v. Chr. Nebukadnezzar II. hatte 597 Jerusalem zum ersten Mal erobert. Der König Jojachin wurde damals nach Babylon ins Exil verschleppt, und die kostbaren Tempelgeräte waren als Beutegut geraubt worden. Zidkija war als Vasallenkönig von Nebukadnezzars Gnaden eingesetzt worden. Da fand – nach etwa vier Jahren – eine Art Außenministerkonferenz in Jerusalem statt. Die Vertreter der Nachbarstaaten Edom, Moab, Ammon, Tyrus und Sidon fanden sich in Judas Hauptstadt ein, um einen Aufstand gegen die Großmacht Babel zu beraten. Da tritt Jeremia demonstrativ auf, mit einem Ochsenjoch auf seinem Nacken, und sagt im Namen seines Gottes (sinngemäß): »Ich, Jahwe, habe eure Länder in die Hand meines Knechtes (!)

Nebukadnezzar gegeben. Alle eure Völker müssen sich ihm unterwerfen; sie sollen ihren Nacken unter sein Joch geben. Die Propheten, die anderes sagen, sind Lügner. Die Unterwerfung soll mindestens für zwei bis drei Generationen gelten, bis zur Zeit von Nebukadnezzars Sohn und Enkel.« Soweit Jeremia. Nach einiger Zeit trat ein anderer Prophet auf, ein gewisser Hananja. Im Stil zum Verwechseln ähnlich Jeremia und in Anspielung auf dessen Symbol vom Ochsenjoch verkündet er feierlich als Bote seines Gottes: »So spricht der Herr Zebaot, der Gott Israels: Ich zerbreche das Joch des Königs von Babel. Die kostbaren Tempelgeräte werden schon nach zwei Jahren wieder zurückgebracht werden und König Jojachin wird mit allen Deportierten heimkehren.« Das sagte Hananja vor allem Volk und vor der Priesterschaft auf dem Tempelplatz. Ihm applaudierten sicher die höfischen Kreise und die große Mehrheit der antibabylonischen, nationalistischen Partei Jerusalems und seiner verbündeten Staaten.

Wie stand nun Jeremia da? Die Auseinandersetzung mit dem eigenen Berufskollegen muß zum allerschwersten Ringen gehören, das dem Propheten auferlegt war. Man spürt, daß ihm Hananjas Auftritt zunächst die Sprache verschlägt. Jedenfalls hat er nicht alsbald ein Wort Gottes zur Hand, mit dem er den selbstsicheren Hananja hätte zurückweisen können. Auch greift er nicht auf sein Wort zurück, das er selbst mit dem Joch-Zeichen im Namen seines Gottes verkündet hatte. Vielmehr erklärt er fast schüchtern und kleinlaut seine persönliche Meinung zu Hananjas Gottesspruch: »Amen«, sagt er. »Möchte das nur wahr werden, was du sagst. Ich von mir aus hätte es wohl auch gern, wenn die Katastrophe Jerusalems so schnell abzuwenden wäre.«

Aber dann wagt Jeremia ein erstes Wort der Kritik: »Doch höre! Du und alles Volk! Die Propheten vor mir und vor dir haben in der Regel Unheil angesagt, Krieg, Hungersnot oder Pest.« – So bringt Jeremia als vorläufige Orientierung die *Tradition* zur Sprache; er lenkt den Blick in die Geschichte des Volkes Gottes mit seinen Propheten, wie wir es hier auch versuchen. Jeremia denkt wohl an die großen Propheten der

letzten zwei bis drei Jahrhunderte, an Elia und Elisa, an Amos und Hosea, an Jesaja und Micha. Diese Vorläufer im Prophetenamt waren mit Eifer dabei, Sünde und Unrecht aufzudekken; dementsprechend haben sie vor allem das Gericht Gottes angekündigt. In dieser Linie sieht Jeremia die Verantwortung der Propheten. Die Vorgänger haben in aller Regel nicht gesagt, was die Leute gern hörten, sondern sind ihnen höchst kritisch begegnet.
Dieses Unterscheidungsmerkmal zwischen wahrer und falscher Prophetie sollten wir als erstes festhalten. Wer bei der Beurteilung gegenwärtiger Probleme im Licht der Zukunft und im Hören auf Gottes Willen von eigener Schuld und von *verschuldetem Unheil* schweigt, wer die Frage nach Recht und Unrecht nicht einbezieht in die gegenwärtigen Entscheidungen und in die Erwartung von Zukunft, dem ist zunächst mit Skepsis zu begegnen.
Dann sagt Jeremia weiter: »Die Propheten, die Heil weissagten, hat man als wahre Propheten immer nur daran erkannt, daß ihr Wort in Erfüllung ging.« Praktisch bedeutete das in der Situation von 593: in der gegenwärtigen Stunde haben wir überhaupt noch kein Kennzeichen der Glaubwürdigkeit von Hananjas Heilswort; es bleibt abzuwarten. Die damaligen und wir heutigen Leser des biblischen Berichtes hingegen, die den Fortgang der Geschichte überschauen, wissen nun, daß Hananjas selbstsicheres Wort ein Trugwort war, daß sich Jeremias bestrittenes Wort jedoch erfüllte.
Aber beachten wir noch, wie der falsche Prophet Hananja auf Jeremias Einwurf reagierte. Er fühlt sich noch sicherer als zuvor, – ähnlich wie jener Prophet Zidkija gegenüber Micha ben Jimla. Hananja packt das Joch, das Jeremia noch auf seinem Nacken trug, und zerbricht es vor aller Augen mit demonstrativer Kraft. Dazu sagt er: »So spricht der Herr: Genauso will ich zerbrechen das Joch Nebukadnezzars, ehe zwei Jahre vergangen sind.« Dann schließt der Bericht ergreifend mit den Worten: »Aber der Prophet Jeremia ging seines Weges.« Wie ein geprügelter Hund verläßt er die Szene. Ein wahrer Prophet? Ja, so kann es einem wahren Propheten er-

gehen. Er ist ein leidender Mann, der nichts aus sich selbst kann und der auch nicht von sich aus ein Gotteswort verkündet, wie Hananja es schnellfertig vermag. Jeremia muß in der Stille warten.

Erst nach einiger Zeit – in Jeremia 42, 7 ist einmal von zehn Tagen Wartezeit die Rede – wird ihm ein neues Wort des Herrn zuteil. Es gilt Hananja direkt: »So spricht der Herr: Du hast das hölzerne Joch zerbrochen, aber ich mache statt dessen ein eisernes Joch. Alle diese Völker werden von Nebukadnezzar unterworfen. Du aber, Hananja, höre! Der Herr hat dich nicht gesandt. Du gibst das Volk dem Betruge preis. Ich nehme dich weg vom Erdboden. Noch dieses Jahr wirst du sterben. Denn du hast dieses Volk vom Herrn abgewendet.« Lakonisch schließt der Bericht: »Und der Prophet Hananja starb im selben Jahr im siebenten Monat.« – – Halten wir fest: Der falsche Prophet hat von sich aus immer etwas zu sagen und wirkt sicher. Der wahre Prophet muß auf die Stimme seines Gottes warten und durchleidet Zeiten der Ungewißheit.

Die Jeremia-Szenen haben uns bisher auf zwei Hilfen zur Unterscheidung des wahren und des falschen Prophetenwortes hingewiesen. Zum ersten gilt es, auf die großen Beispiele der *Geschichte* zu achten: die klassischen Propheten sind der *Schuld* auf der Spur und verschweigen das *Gericht* nicht. Der falsche Prophet dagegen macht es seinen Hörern leichter. Zum zweiten zeigt der rechte Prophet *keine* Spur von *Selbstsicherheit*; er bleibt auf die Gewißheit angewiesen, die ihm sein Gott je und je mit dem Lauschen auf sein Wort schenkt; er durchleidet Zeiten des Wartens, die ihm Anfechtung und auch Verachtung bringen.

Neben dem Hinweis auf das verschuldete Gericht und auf das Fehlen der Selbstsicherheit sehe ich in den alttestamentlichen Texten noch drei weitere Orientierungshilfen, an die zu denken in Stunden der Entscheidung hilfreich sein kann.

Ein drittes Merkmal finden wir z. B. beim Propheten Micha von Moreschet (3, 5). Er spricht über »die Propheten, die mein Volk irreführen: Wenn sie mit ihren Zähnen zu beißen bekommen, rufen sie Heil. Wenn aber einer ihnen nicht gibt, was sie wünschen, dann fangen sie Streit mit ihm an.« Jetzt wird der falsche Prophet am Verhältnis zu seinen Hörern erkannt. Er macht sich und seine Botschaft *abhängig vom Wohlwollen seiner Hörer*. Sein Wort ist nicht vom erkennbaren Willen Gottes bestimmt, sondern von dem Gewinn, den er bei den Leuten erzielt oder nicht erzielt. Die falschen Propheten richten sich bei der Wahl ihrer Texte und Themen nach den Mitmenschen, von denen sie sich irgendwelche Vorteile oder irgendeinen Profit versprechen. Micha sagt zu ihnen: »Nacht wird es für euch, ohne Schauung, – Finsternis, ohne Wahrsagung. Es gibt keine Antwort Gottes mehr für sie« (Micha 3, 6 f.). Wer in seiner Verkündigung nicht mehr nach dem Willen Gottes fragt, sondern nach den Wünschen seiner Hörer, für den wird Gott verstummen und kein Wort mehr haben.

Jeremia wird bei diesem dritten Merkmal der Abhängigkeit vom Hörer noch etwas deutlicher (23, 14): »Sie machen den Bösen Mut«, sagt er, »daß keiner sich von seiner Bosheit abkehrt« – oder (23, 22): »Wenn sie meine Worte meinem Volke sagen würden, spricht der Herr, dann würden sie sie abbringen von ihrem schlechten Wege.« Falsche Propheten beschwichtigen gern; sie sind echte Festverschönerungsredner. Ganz grob sagt Micha (2, 11): »Wenn einer Wind machte und Trug lügen würde: ›Ich predige dir von Wein und Whisky‹, – das wäre ein Prediger für dieses Volk da.« Er würde den allermeisten gefallen. Der echte Zeuge hingegen kann den praktischen Fragen des Glaubensgehorsams nicht ausweichen, die etwa in unserer Zeit dem konkreten Beitrag zum Frieden oder dem Schutz der Schöpfung nachgehen. Abhängigkeit vom Hörer, das ist das dritte Kennzeichen eines falschen Propheten.

Das vierte kann man *das ethische Kriterium* nennen. Einfach und klar sagt Jesus in der Bergpredigt (Mattäus 7, 16): »Hütet euch vor den falschen Propheten! . . . An ihren Früchten sollt ihr sie erkennen.« Jeremia wird in dieser Sache genau, indem er beispielhaft zwei faule Früchte anprangert, an denen falsche

Propheten zu erkennen sind. So heißt es Jeremia 23, 14: »Bei den Propheten Jerusalems sah ich grauenhafte Dinge: sie brechen die Ehe und gehen mit Lügen um.« Am Umgang mit der Frau und am Umgang mit dem Wort bemerkt Jeremia, ob ein Prophet überhaupt und also auch in seinem Amt verläßlich ist oder ob er sich seiner Willkür ausliefert. Den Baum erkennt man von seinen Früchten her. Wer die Frau und wer andere Mitmenschen betrügt, gibt sich eben damit als Betrüger zu erkennen. Das ethische Kriterium prüft die Ehrlichkeit öffentlicher Urteile am überschaubaren praktischen Verhalten.

Das fünfte und letzte Kriterium, das ich in der Bibel finde, umgreift im Grunde alle anderen. Man kann es das *charismatische* nennen. Der Prophet Jeremia unterscheidet die, die sich selbst ein Wort anmaßen, von denen, die mit einem Wort von Gott gesandt sind. Er sagt (in 23, 21) von den falschen Propheten als Wort seines Gottes: »Ich habe die Propheten nicht gesandt, und doch laufen sie; ich habe nicht zu ihnen gesprochen, und doch prophezeien sie.« Ezechiel (13, 3) spricht von den »törichten Propheten, die nur ihrem eigenen Geist folgen.« Ähnlich unterscheidet Jeremia die Träumer von den Boten des Wortes Gottes (23, 28): »Der Prophet, der einen Traum hat, der möge seinen Traum erzählen. Wer aber ein Wort von mir hat, der verkünde mein Wort getreulich.« Jeremia warnt vor den Propheten, die »Gesichte (Visionen) aus ihrem eigenen Herzen und nicht aus dem Mund des Herrn verkünden« (23, 16). So unterscheidet er immer wieder scharf das eigene Herz und die eigenen Träume und die eigenen Visionen von dem Wort und dem Rat des Herrn. Die Worte aus dem eigenen Herzen und den eigenen Träumen und dem eigenen Geist entspringen den eigenen Wünschen und den eigenen Ängsten. Jeremia hat an sich selbst erfahren müssen, wie ganz anders sich das Wort des Herrn ereignet. Er beschreibt (23, 9), wie es ihm ergeht, wenn Gottes Wort über ihn kommt und ihm gewiß wird: »Es bricht mir mein Herz in der Brust, es beben all meine Gebeine; mir ist wie einem trunkenen Mann, wie dem Mann, der vom Wein überwältigt – vor dem Herrn und vor seinen heiligen Worten.« So wird beim wahren Propheten der eigene Wunsch und Wille gebrochen, auch wird die eigene Angst vom fremden Willen Gottes überwältigt. Bis ins körperliche Ergehen hinein bekommt es eine solch zarte und sensible Natur wie Jeremia zu spüren, daß er nicht mehr dem selbstischen Willen folgen und den selbstischen Zielen entgegenstreben kann. Das Wort verwandelt seinen Boten. Beim falschen Boten entsprechen eher die Botschaft und das menschliche Naturell einander. Jedenfalls sind das eigenwillige Herz und das hörende Herz wohl zu unterscheiden.

Besonders aus diesem letzten charismatischen Kriterium ist zu schließen, daß zunächst nur ein begnadeter, wahrer Prophet den falschen durchschauen und entlarven kann, und auch er kann es nur mit je neu geschenkter Vollmacht, wie wir am Gegenüber von Hananja und Jeremia sahen. Denn wer wollte von sich aus am äußeren Wort erkennen, ob es dem menschlichen Naturell und Wunsch oder dem göttlichen Willen entspricht? Nur ein wahrer Prophet kann im Grunde den falschen Propheten durchschauen.

Wie aber sollen *wir* urteilen und entscheiden können, die wir nicht mit prophetischem Charisma begnadet sind? Zur guten Entscheidung hilft, daß in aller Regel zwei verschiedene Zeugen einander gegenüberstehen. Wie bei Zidkija und Micha, wie bei Hananja und Jeremia, so haben auch wir durchweg zwei Gegner vor Augen. Adolf Schlatter sagte (in seiner Auslegung der Bergpredigt): »Es ist der Lüge nicht möglich, ganz der Wahrheit zu gleichen. Es läßt sich immer unterscheiden, was Wolf und was Schaf ist, so daß es keine Macht der Verführung gibt, der wir hilflos preisgegeben wären.« Das Vergleichen also will geübt sein. Dabei können uns die biblischen Modelle und das eine oder andere der fünf Unterscheidungsmerkmale helfen. Fragen wir immer, wer dem wahren und wer dem falschen Propheten näherkommt, vor allem aber, wer uns deutlicher an Jesus Christus erinnert, an sein Wort und an sein Verhalten, an sein Leiden und an sein beständiges Wirken im Geist.

Erproben wir es zum Schluß am Generalthema unserer Gegenwart, an der Prophetie von der möglichen Menschheitskatastrophe im Zeitalter der atomaren Aufrüstung, am Problem des Wettlaufs der Waffensysteme.

Können Sie sich einen Würfel von 2½ m Seitenlänge vorstellen? Unsere Wohnstuben vom Boden bis zur Decke sind meist ungefähr 2½ m hoch. Denken Sie, daß ein solcher Riesenwürfel über Ihrem Kopf schwebt. Nehmen Sie zur Kenntnis, was Physiker errechnet haben: In den Waffenarsenalen der Weltmächte liegt diese Menge Atomsprengkraft für jeden einzelnen Menschen der Weltbevölkerung bereit. Wahre Propheten heute werden solche Fakten des Unheils nicht verschweigen. Noch weniger dürfen sie verschweigen die Unsumme an Schuld, Mißtrauen und Angst, Gewinnsucht und Feindseligkeit, die zu diesen Menschheitsvernichtungslagern führte und noch weiterhin führt. Perfekt ist der Untergang der Völker vorbereitet und durch ganz wenige Knopfdrücke auszulösen. So wird für die Menschheit genau vorstellbar, was einst Jesaja (1, 31) für Israel prophezeite: »Dann wird der Starke zu Zunder, und sein Tun zum zündenden Funken; beide verbrennen zusammen, und niemand kann löschen.«

Der Prophet Jona mußte einst der Hauptstadt des brutalen Assyrerreichs verkündigen: »Noch vierzig Tage, und Ninive ist zerstört.« Aber – so erzählt das Jonabuch – die Männer von Ninive setzten Vertrauen in Gott und kehrten um von ihren bösen Taten. Da tat Gott das Böse leid, das er ihnen angedroht hatte. Und er tat es nicht.

Die alte Geschichte von Ninive mahnt uns, daß die Tage der Menschheit gezählt sind. Wir brauchen und erbitten uns *wahrhaftige Unheilspropheten,* die nicht ausweichen, wie Jona es versuchte – allerdings vergeblich. Schuld und Unheil müssen aufgedeckt werden: Unheil und Schuld zugleich. Denn nicht ein blindes Schicksal, sondern die Schuld der Menschheit ist unter uns am Werk. Denn Gottes Gericht ist dies: unsere eigenen gottlosen Taten fallen auf unseren Kopf zurück. Ninive fordert unseren hörenden Glauben heraus: das Wort kann die Wende schaffen. Das Wort der echten Prophe-

ten kann seine Hörer verändern, wie es seine Sprecher verändert hat. Das haben wir gelernt.
Ninive kehrte um. Ninive wendete sich von seiner Bosheit ab, und Gott nahm sein Unheilswort zurück. Das verkündete Prophetenwort vom Untergang traf nicht ein. War es deshalb falsches Prophetenwort? Es hat sein entscheidendes Ziel erreicht: den hörenden Menschen, den es zur Umkehr brachte und rettete. So triumphiert das Erbarmen Gottes über seinen Zorn. Wir brauchen und erbitten wahre *Propheten der Umkehr*, deren Wort die Wende herbeiführt, die Wende, die die schon mögliche Weltkatastrophe abwendet.
So bitten wir in unserer Weltstunde um Abkehr von einer falschen Prophetie, die immer noch genaue Vergeltung zwischen den Machtblöcken berechnet. Dieses Vergeltungsdenken vom Gleichgewicht des Schreckens und der Nachrüstung hat uns in dieses Elend am Abend des zweiten Jahrtausends gestürzt. Rechte Prophetie wird bei den Abrüstungsdiskussionen unter uns Deutschen nie die unheimliche Schuld verschweigen, die gerade wir gegenüber Rußland haben. Wir denken viel zu wenig daran, daß wir 1941 den fürchterlichen Krieg gegen die Sowjet-Union unter Vertragsbruch begonnen haben; fast 20 Millionen Sowjetsoldaten fielen, dazu 7 Millionen Zivilisten (gegenüber 4,5 Millionen Deutschen; s. Brockhaus, Enzyklopädie Bd. 20, 1974, S. 206). Wer wollte angesichts der Bilanz unseres Überfalls nicht die Angst der Sowjets vor dem Westen verstehen? Wir Deutschen sind auf allen Ebenen auf *Vergebung* angewiesen. Mit Vergebung allein wird neues Leben möglich. Wir müssen uns einer Prophetie stellen, die unsere Schuldgeschichte und unser Angewiesensein auf Vergebung nicht verdrängt. Eine andere Basis auch unseres politischen Denkens dürfte nicht tragfähig sein.
Wir bitten gerade deshalb in unserer Weltstunde generell um Abkehr von einer falschen Prophetie, die ihre Politik nur auf *Mißtrauen* gründet. Abschreckung ist auf Dauer sicher nicht verläßlich. Jede atomare Steigerung der eigenen Sicherheit steigert gefährlich auch das eigene Risiko. So bitten wir um Hinwendung zu einer Prophetie der *Friedfertigkeit* und der

Feindesliebe. Jesu entsprechendes Gebot erscheint als Gebot der Stunde; es ist mit neuer Intelligenz zu durchdenken und dementsprechend das Verhalten zu ändern und Verhandlungen zu fördern. Alle sollten dazu beitragen, das Klima des Vertrauens aufzubauen und auszuweiten. Indira Gandhi rechnete kürzlich der Nord-Süd-Konferenz vor, welch weite Wüstengebiete fruchtbar gemacht werden könnten mit dem Geld einer einzigen Langstreckenrakete.

So bitten wir jetzt vor allem um Abkehr von jener betrügerischen Prophetie, die davon ausgeht, die jeweils andere Seite müsse mit Vertrauensbeweisen beginnen. Eine Prophetie, die uns selbst unverändert läßt, ist sicher falsch. Wir bitten für das Lager des Westens, besonders soweit es christlich sein will, um Hinwendung zu der wahren Prophetie, die uns zu *ersten Schritten* des Abbaus der unheimlichen Waffendepots ermutigt. Hier wird sich zeigen, wem wir in Wahrheit vertrauen: Jesu Wegweisung oder unserer Angst, unseren Selbstsicherungen oder dem, der uns zuruft: »Fürchte dich nicht! Ich bin bei dir. Weiche nicht! Ich bin dein Gott.« (Jes 41).

Ist dieser Zuspruch für uns hohle Phrase oder ist er Grund des Lebens? Merken wir, daß die Zukunft der Menschheit an der klaren Unterscheidung falscher und wahrer Prophetie hängt? Gott mehre die Klarheit unter uns, durch Jesu Geist.

Register der Bibelstellen

Genesis
19,25 — 36

Exodus
20,17 — 43
20,18 ff. — 61
24,3–8 — 63

Levitikus
19,13 — 43

Deuteronomium
6,5 — 61
21,18 ff. — 38
21,21 — 35
24,1 ff. — 27.38
29,22 — 36

1. Könige
22 — 73

Jesaja
1,2 f. — 59
1,31 — 81
5,20 — 50
10,15 — 60
14,32 — 50
30,15–17 — 70
41 — 83
43,18 — 69

Jeremia
11,10 — 59
13,23 — 61
15,18 — 74
17,1 — 61
20,7 — 16
23,9 — 79
23,14 — 78 f.
23,16 — 79
23,21 — 79
23,22 — 78
23,28 — 79
26,17 ff. — 41.53
27–28 — 74 ff.77
31,31–34 — 55–69
32,40 — 67
42,7 — 77

Ezechiel
11,19 — 62
13,3 — 79
36,26 — 62

Hosea
1–3 — 24 f.
1,2 — 25 f.
1,9 — 59
2,4 — 29.32
2,5 — 32
2,6 ff. — 33
2,10 — 29
2,10.15 — 33
2,16 f. — 33
3,1.2 — 27.38
3,3–5 — 33
4,10 — 30
4,13 f. — 28
5,4 — 34.37
5,12 — 30

5,14	30	9,1–4	14 f.
6,4	33	9,4	19
6,5	24	9,11 ff.	21
7,2	34.37		
7,12	30	*Micha*	
11,1–7	35	1,1	41
11,8	35 f.38	2,1–11	43 ff.
11,9	35 f.38	2,7	53
13,2	29	2,8 f.	42
13,4	29	2,11	78
13,7 f.	30	3,1–4	46 f.
14,5	37	3,1.9	41
14,6–8	37	3,2 f.	46 f.50
14,6.9	31	3,3	42.50
		3,4	47.53
Amos		3,5 (ff.)	47f.72.77f.
1,4 f.7 f.	18	3,6 ff.	48 f.78
2,2 f.	18	3,8	41
2,6 f.	20	3,9–12	49 ff.
2,13–16	20	3,11	51 ff.72
3,2	18	3,12	53
3,8	10	7,19	66
3,15	18		
4,2 f.	18	*Psalmen*	
4,12	19	46	52
5,4	22		
5,5	18	*Sprüche*	
5,17	18	17,8	51
5,21–24	20	17,23	51
5,27	18.21	21,13	47
6,1–7	18.20		
6,8	19	*Hoheslied*	
7,1–8	14 f.	2,1.3.16	37
7,8	19	4,10	37
7,10–17	11 ff.		
7,11	17	*Klagelieder*	
7,14 f.	72	2,14	48
7,17	18		
8,1–2	14 f.	*2. Chronik*	
8,2	19.59	32,27 f.	50

Mattäus

7,15	71 f.
7,16	78
7,21	53
10,41	71
15,24	58
23,34	71
28,19	58

Lukas

13,34 f.	70 f.
19,43	71
22,20	63
22,42	63

Johannes

4,34	63

Apostelgesch.

4,20	16

Römer

8,3	38
9,25	63
11,18	58

1. Korinther

9,16 f.	16

2. Korinther

1,22	63
1,24	65
5,5	63

1. Thessalonicher

5,20 f.	71

Weitere Werke von Hans Walter Wolff

ANTHROPOLOGIE DES ALTEN TESTAMENTS
3. Auflage. 364 Seiten. Leinen

Hier schreibt ein durch Forschung glänzend ausgewiesener Kenner der Sache in einer Sprache, die vom Eros des Vermittlers beflügelt ist und jeden geistig Interessierten mitnimmt in die Mitte der Sache selbst. *Herder Korrespondenz*

DIE BOTSCHAFT DES BUCHES JOEL
(Theologische Existenz heute, Nr. 109) 48 Seiten. Geheftet

GESAMMELTE STUDIEN ZUM ALTEN TESTAMENT
(Theologische Bücherei, Bd. 22) 2., um einen Anhang erweiterte Auflage.
460 Seiten. Kartoniert

Es ist für den Leser ein großer Gewinn, alle diese Arbeiten, die sich wechselseitig so vielfältig aufeinander beziehen, in einem Band vereint zu haben. Er gibt einen Eindruck von der Forschung, die so imponierend einheitlich wirkt, und die sich doch immer neuen Fragen offen zu halten wußte. *Gerhard von Rad in „Evangelische Theologie"*

DIE HOCHZEIT DER HURE
Hosea heute (Lese-Zeichen) 248 Seiten. Kartoniert.

MIT MICHA REDEN
Prophetie einst und heute. (Lese-Zeichen) 232 Seiten. Kartoniert

Hier wird erneut in guter und hilfreicher Weise der Zusammenhang zwischen Theologie und Kirche, zwischen wissenschaftlicher Arbeit und persönlichem Glauben, zwischen dem Zeugnis der Bibel und der heutigen christlichen Verantwortung deutlich.
Deutsches Pfarrerblatt

DIE STUNDE DES AMOS
Prophetie und Protest (Lese-Zeichen) 5. Auflage. 216 Seiten. Kartoniert.

WEGWEISUNG
Gottes Wirken im Alten Testament. Vorträge zum Bibelverständnis.
200 Seiten. Leinen

Hier ist uns eine theologische Arbeit par excellence geschenkt, flüssig geschrieben und leicht lesbar. Selten habe ich so ausgezeichnete Sätze über Grunderkenntnisse alttestamentlicher Verkündigung gelesen wie hier. *H. Breit in „Lutherische Monatshefte"*

Biblischer Kommentar Altes Testament

Das große alttestamentliche Kommentarwerk
begründet von Martin Noth
Herausgeber: Siegfried Herrmann und Hans Walter Wolff

Werke von Hans Walter Wolff:

Band XIV/1 Dodekapropheton 1 Hosea

3., durchgesehene Auflage. XXXII, 322 Seiten, Leinen DM 69,–; Fortsetzungspreis DM 62,–

„Wie unentbehrlich dieser hervorragende Kommentar dem Fachmann ist, braucht nicht betont zu werden; aber auch der 'Praktiker' findet – nach der Intention des Verfassers – immer wieder theologische und kerygmatische Anregungen für die Situation unserer Gegenwart."
(Vinzenz Hamp in „Biblische Zeitschrift")

Band XIV/2 Dodekapropheton 2 Joel und Amos

2., durchgesehene Auflage. XII, 424 Seiten, Leinen DM 86,–; Fortsetzungspreis DM 77,–

„It is clear that the commentary will take a prominent place among the studies of the Book of Amos which habe appeared in recent years."
(Society for Old Testament Study, London)

Band XIV/3 Dodekapropheton 3 Obadja und Jona

X, 161 Seiten, Leinen DM 35,–; Fortsetzungspreis DM 31,–

„Wolffs bewährte und fundierte alttestamentliche Exegese zu diesen beiden Prophetenbüchern liefert der Fachwelt einen weiteren, für viele Jahre grundlegenden und richtungsweisenden Kommentar." (Freiburger Rundbrief)

NEU Band XIV/4, Micha

XLII, 232 Seiten, Leinen DM 54,–; Fortsetzungspreis DM 48,–
Mit Erscheinen dieses Bandes liegt der Micha-Kommentar als abgeschlossenes Werk vor.

Neukirchener Verlag — Neukirchen-Vluyn